Arbeitskreis Dorfchronik Selk

Heft 7

2023

GEMEINDE SELK

Bibliografische Information der Deutschen Nationalbibliothek.
Die Deutsche Nationalbibliothek verzeichnet diese Publikation
in der Deutschen Nationalbibliografie, detaillierte bibliografische
Daten sind im Internet über http://dnb.de abrufbar.

Impressum
© 2023 Gemeinde Selk
Herstellung und Verlag: BoD - Books on Demand, Norderstedt
ISBN: 978-3-7528-4043-8

Redaktion:
Babette Andresen | Christoph Brügmann
Klaus Dietrich | Konrad Klein
Ulrich Vogel | Jürgen Warnecke

Verantwortlich für den Inhalt: Jürgen Warnecke, Telefon 04621 / 35797

Inhalt

Rapsfeld und Langgrab im Ortsteil Altmühl

Grußwort

Liebe Leserinnen, liebe Leser,

im letzten Heft fanden Sie auf dieser Seite einen Artikel zur Zeitenwende, zum russischen Überfall auf die Ukraine und zu den schrecklichen Erinnerungen, die dieser besonders bei den Älteren unter uns weckte. Leider ist auch heute noch kein Ende dieser kriegerischen Auseinandersetzung in Sicht. Doch der Alltag fordert sein Recht, die Pandemie scheint überwunden. Am deutlichsten sichtbar wird das an unserem Selker Bilderbogen. Während im letzten Heft nur zwei Bilder zum aktuellen Geschehen abgedruckt werden konnten, sind es in diesem Jahr so viele wie noch nie – nämlich acht.

Im Zentrum steht wieder der erste Band der Schulchronik. Es gibt noch einen zweiten, aber der enthält nur schulinterne Informationen. Daneben haben wir – hoffentlich – interessante Artikel aus der Geschichte unserer Gemeinde „ausgegraben".

Dieses Heft wird nun erst einmal das letzte aus dieser Reihe sein. Natürlich bleibt der Arbeitskreis „Dorfchronik" weiter aktiv und wird Informationen zur Geschichte der Gemeinde sammeln. In welcher Form diese dann veröffentlicht werden, ist noch nicht entschieden. Die Hefte 1 bis 6 sind weiterhin im Buchhandel erhältlich.

Wir danken wieder dem Landesarchiv Schleswig-Holstein, dem Amtsarchiv Haddeby, dem Gemeindearchiv Selk sowie zahlreichen Bürgerinnen und Bürgern dafür, dass sie uns Kopien und Originale von Urkunden oder Bildern zur Verfügung gestellt haben.

Wer genauere Informationen zu den Quellen wünscht oder glaubt, Fehler entdeckt zu haben, darf sich gern an uns wenden.

Selk, den 31. März 2023

Die Redaktion

Selker Bilderbogen 2022

„Schietsammeln" in Selk: Am Samstag, dem 12. März, trafen sich gut 50 Bürgerinnen und Bürger vor dem Feuerwehrgerätehaus, wo ihnen gruppenweise Sammelrouten zugewiesen wurden.

Am 12. Mai wurde das neue Hinweisschild für den „Haddebyer Museumshof" wieder an der Ecke Mühlenweg / Kreisstraße aufgestellt, diesmal mit dem Hinweis, dass das Museum am Himmelfahrtstag von 9.00 bis 17.00 geöffnet sein würde. Spenden der Besucher kamen den Flüchtlingen aus der Ukraine zugute.

Am Pfingstsamstag, dem 4. Juni, hatte sich ein Lkw-Fahrer aus Litauen ausge-
rechnet den kleinen Parkplatz neben der Badestelle für eine Pause ausgesucht
und sich dort festgefahren. Mit Hilfe der Freiwilligen Feuerwehr Selk und eines
Mielberger Lohnunternehmers konnte er erst am Pfingstmontag aus seiner miss-
lichen Lage befreit werden.

Bei einem Spaziergang in Niederselk traf der Fotograf nördlich der aufge-
gebenen Karpfenteiche am 1. August auf diese Wikingerskulptur. Auch der
Nachbau eines Wikingerhauses und ein Findling mit eingravierten Runen stehen
auf dieser Wiese.

Die Kreisstraße, mit deren Instandsetzung man am 27. Juli begonnen hatte, glich am 8. August einer Kraterlandschaft, denn auch die Regenwasserrohre mussten auf dem Teilstück bis zum Plettenberg erneuert werden. Am Ende des Jahres fehlten nur noch die Seitenmarkierungen.

Am 8. Oktober wurden die stählernen Pfähle für die Aussichtsplattform vom Schleswiger THW eingespült. Zuvor waren am 30. August die Reste der sechs hölzernen Pfähle des abgerissenen Badestegs geborgen worden.

Nach dreijähriger Corona-bedingter Zwangspause konnte die Freiwillige Feuerwehr am 6. Dezember endlich wieder der Senioren zu Kaffee und Kuchen einladen. Für Unterhaltung sorgten die Bläserklasse der Bruno-Lorenzen-Schule, Herr Nagel mit einer Geschichte und Herr Warnecke mit seiner Fotoshow.

Am 16. Dezember verwandelte sich Selk unter einer 17 cm hohen Schneedecke in eine Winterlandschaft und ohne Hilfe des Schneepflugs hätte wohl so mancher Bewohner des Quellenbergs nur schwer sein Grundstück verlassen können.

Die Selker Schmieden

In der Gemeinde Selk und ihren früher selbständigen Ortsteilen Niederselk, Wedelspang und Altmühl hat es vermutlich schon seit sehr langer Zeit immer einen dörflichen Bedarf an Schmiedeerzeugnissen und an Schmiedeleistungen gegeben. Im Ortsteil Wedelspang südlich des heutigen Wanderweges zur Noorbrücke wurden auf den Koppeln beim Pflügen „Ofensäue" als Reste von wikingerzeitlicher Eisenverhüttung gefunden. Raseneisenerz wurde damals in kleinen Rennfeueröfen verhüttet, wie ich es im Heft 6 auf den Seiten 18 und 19 beschrieben habe.

Das in der sogenannten Luppe im unteren Teil des Ofens gewonnene Roheisen musste ausgeschmiedet werden. Das heißt, die Schlackenreste mussten aus der Luppe entfernt werden. Das geschah durch immer wieder erwärmen und hämmern der Luppe, bis ein Roheisenbarren entstand, der letztlich dann schmiedbares und weiter verarbeitbares Eisen enthielt.

Ausschmieden der Luppe zum Eisenbarren, MAMUZ Projekt Schloss Asparn, Österreich

Es ist anzunehmen, dass in den Siedlungen der Gegend, von der Wikingerstadt Haithabu weiß man es genau, mindestens ein Teil des hier vor Ort gewonnenen Roheisens zu täglichen Gebrauchsgegenständen in einer frühen Form der Arbeitsteilung verarbeitet wurde. Das Schmiedehandwerk hatte eine zentrale Bedeutung im Dorf. Der schmiedekundige Mensch war vermutlich angesehen, da er das produzierte, was die dörflichen Bewohner aus Eisen an häuslichen Gebrauchsgegenständen, wie Messer, Töpfe, Waffen, Wagenausstattung und an Hufschmiedearbeiten benötigten.

Für Selk ist anzunehmen, dass die Nähe des Heerweges, der vom Ochsenweg kommend nach Eckernförde führte, auch eine Bedeutung für das Schmiedehandwerk hatte, da auch Reisende und ihre Wagen eine gewisse zusätzliche Nachfrage erzeugten. So ist es nicht verwunderlich und verständlich, dass in der ersten kartografischen Erwähnung einer Schmiede in Selk durch den Kartografen Johannes Mejer 1641, genau ein Gebäude am Heerweg (Via regia) gegenüber des

Ausspanngasthofes nördlich der Selker Mühle an der Mühlenau (heute ehemalige Gaststätte Selker Noor) eingezeichnet ist.

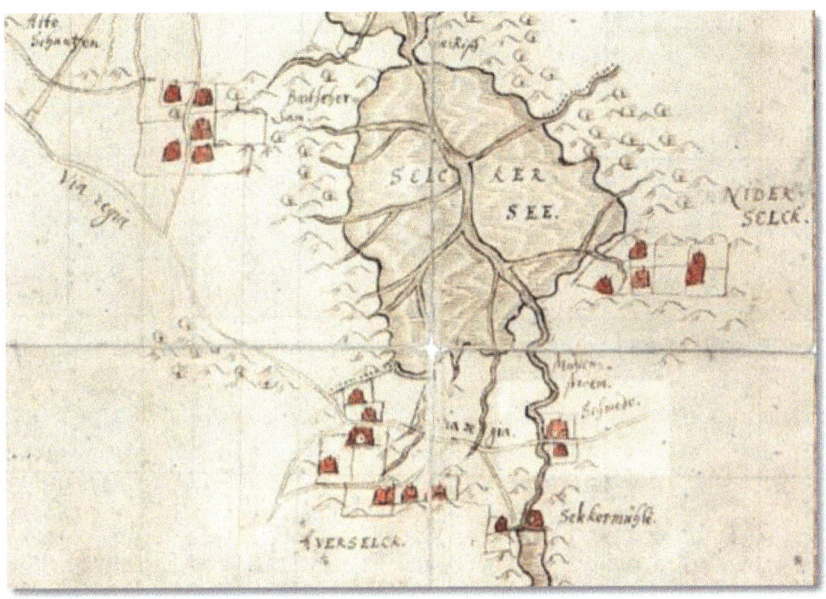

Ausschnitt der Karte aus dem Schlei-Atlas, Johannes Mejer 1641, Nachdruck der Karte „Schleswig und innere Schlei", 600 Jahre Stadthafen

Der Standort der Schmiede (Schmede) ist wohl bewusst am Beginn der alten Steilstrecke des Weges, der von der Mühlenbachfurt auf die Hochfläche führte, gewählt worden. Da konnte an einem Wagen schnell etwas defekt sein und ein Schmied wurde benötigt, um Reparaturen durchzuführen und auch Reisende zu bedienen.

Auf einer späteren Karte aus dem Jahr 1761 von H.C. Neynaber ist die Gebäudesituation immer noch ähnlich erkennbar von den Gebäuden her dargestellt. Ein Schriftzug: Schmiede/Smede lässt sich leider nunmehr sehr undeutlich auf dem Nachdruck erkennen. Zumindest ist eine Lagekontinuität der Selker Schmiede so zu vermuten.

Alte Selker kennen noch ein Gebäude, das auf der gegenüberliegenden Seite der Chaussee am Beginn der Steigungsstrecke des Chausseeberges lag und als (Torf)-Schuppen bezeichnet wurde. Ob es in früherer Zeit als Schmiede gedient hat, ist nicht mehr bekannt.

Ausschnitt aus der Karte Schleswig von H.C. Neynaber 1761, Nachdruck

Auf einer Karte der „Herzogthümer Schleswig und Holstein" des Dänischen Kartografen Du Plat von 1805 lassen sich die Gebäude rechts und links der Chaussee an der entsprechenden Stelle östlich der Mühlenau auch nur erahnen. Auf der ersten Ausgabe des Messtischblattes Kropp im Maßstab 1:25000 aus dem Jahr 1879 (Ausgabe 1900) ist das Gebäude noch verzeichnet. Wann es abgerissen wurde ist mir nicht bekannt.

Dafür ist ein anderer Gebäudekomplex mit Wohnhaus und weiterem Gebäude verzeichnet, wo in der Zwischenzeit eine andere Hausstelle auch an der wichtigen Durchgangsstraße gelegen, die Funktion der Selker Schmiede übernommen zu haben scheint. Im Zwickel zwischen der heutigen Kreisstraße und dem Buchenweg liegt die Hausstelle der Familie Koll. Das Wohngebäude soll aber schon im Kern 200 Jahre alt sein, wie mir der Besitzer vor Jahren erzählte. Im Garten lag bis zum Abbruch 1953 das Gebäude der Selker Schmiedewerkstatt, die auf jeden Fall im 19. Jahrhundert dort errichtet und betrieben wurde.

Im Archiv des Selker Arbeitskreises „Dorfchronik" befindet sich ein Foto unbekannten Datums, das zeigt, wie die Schmiede damals ausgesehen hat. Im Hintergrund ist das heute noch bestehende Wohnhaus zu sehen.

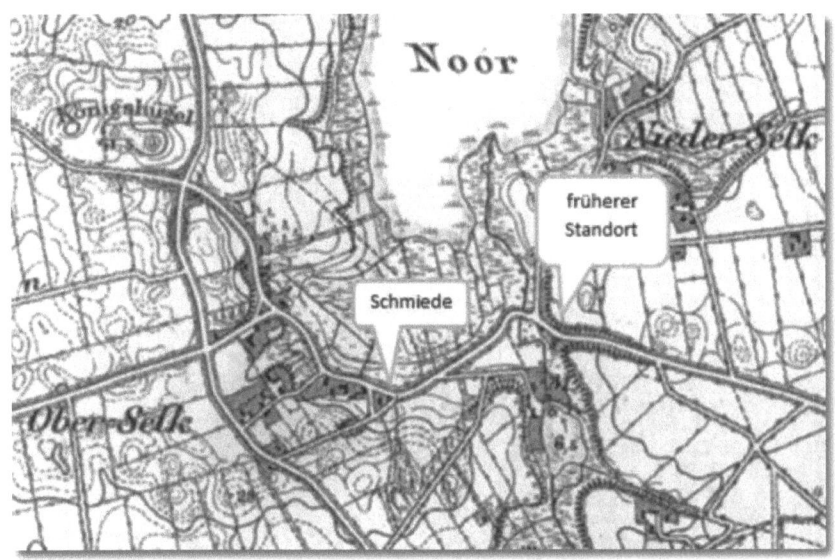

Messtischblatt Kropp 1879, Ausgabe 1900, heute TK 25, 1523

Ein Foto aus dem gleichen Archiv von einem undatierten und unsignierten Bild, zeigt die Schmiede aus Sicht der Durchgangsstraße, der heutigen Kreisstraße. Der Schuppen auf der anderen Seite des Buchenweges wurde auch irgendwann abgerissen und durch einen dort an gleicher Stelle errichteten Garagenbau ersetzt.

Einige Namen von damals dort tätigen Schmieden bzw. Schmiedemeistern sind aus dem Selker Archiv noch bekannt.
1867 - 1898 Cornils bzw. Cornelius Johns, Schmied in Oberselk,
1895 - 1910 Heinrich Johns, Schmied ebenda,
1911 - 1914 Eduard Schmidt, Schmied ebenda.

Laut Volkszählung 1854 gab es wohl noch einen Schmied Claus Nissen in Oberselk. Wo er gearbeitet hat, ist leider nicht bekannt; es darf aber bezweifelt werden, dass es in Oberselk auch noch eine zweite Schmiedewerkstatt gegeben haben wird. Es wird vermutlich der Vorgänger von Schmied Johns gewesen sein.

Wer die Schmiede bis zu deren Abriss 1953 geführt hat, ist mir nicht bekannt. Vor Jahren aber habe ich im Rahmen eines Textes für die Busdorfer Hefte (Busdorfer Hefte Bd. VI, Die alte Busdorfer Schmiede 1946) mit dem Selker

Schmiedegesellen Hans Koll, damals wohnhaft in der Straße Kloster, gesprochen. Er hat von 1946 bis 1953 in der Selker Schmiede gearbeitet und mir von der Arbeit als Schmied erzählt. Später hat er noch bis zu seinem Ruhestand als Schweißfachmann bei der Schleswiger Zuckerfabrik gearbeitet.

Sein Bericht in Auszügen und auf die Selker Schmiede bezogen:

Zur betrieblichen Ausstattung einer Schmiede gehörten nach 1945: das Schmiedefeuer mit Esse, eine Handkurbelbohrmaschine mit obenliegenden Schwunggewichten, eine Reifenbiegemaschine und eine Stauchmaschine, um Eisenteile stumpf aneinander zu schweißen, und ferner, falls vorhanden, ein autogenes oder elektrisches Schweißgerät. Daneben gab es natürlich alle schmiedetypischen Werkzeuge vom kleinen Hammer bis zum großen Amboss. Eine Lagerhaltung für Material wie Eisenstäbe, Barren und Profile kannte man damals kaum; das aktuell benötigte Material wurde beim Eisenhändler bestellt und verarbeitet. Der Schmiedemeister hatte die Aufgabe der Betriebsführung und Überwachung, der Geselle und wenn vorhanden ein Lehrling, leisteten die handwerkliche Hauptarbeit.

Foto einer unbekannten größeren Schmiede, Haddebyer Museumshof

Foto einer mobilen Feld-
schmiede mit typischen
Werkzeugen

Haddebyer Museumshof

In einer dörflichen Schmiede gab es damals ein weites Spektrum an
unterschiedlichen Arbeiten, die umfangreiches Wissen, verschiedene Techniken
und viel handwerkliches Geschick und Können erforderten. Ein Hufschmied
musste zudem auch Erfahrungen im Umgang mit Pferden besitzen. Typische
Arbeitsfelder waren:

- Reparatur und Erneuerung von Kleingerätschaften für Haus, Hof und Garten; Material- und Ersatzteilmangel erforderten die damals übliche Improvi-
  sationskunst. Beschlagen von Reit-, Zug- und Ackerpferden mit den dazu-
  gehörigen Pflegemaßnahmen der Hufe und dem Schmieden von Hufeisen.
- Wagenbau- und Karosseriebauarbeiten, hier insbesondere die Reparatur und
  Instandsetzung von Kupplungen und Auflaufbremsen, sowie der Anhän-
  gerbau aus Altteilen beziehungsweise Restbeständen der Wehrmacht.
  Außerdem wurden Eisenreifen für hölzerne Speichenräder aller Größen
  hergestellt und auch aufgezogen, was eine besondere handwerkliche Kunst
  ist: Hier mussten die Maße stimmen, das Eisen die richtige Temperatur
  haben und jeder Handgriff sitzen.

- Landmaschinenschlosserei. Im Zuge der zunehmenden Technisierung der Landwirtschaft wurde die Arbeitskraft des Pferdes durch Traktoren ersetzt. Hier sei beispielhaft der schon damals legendäre „Lanz-Bulldog" erwähnt. Jeder Dorfschmied konnte so eine Zugmaschine reparieren. Sogar Ersatzteile wurden manchmal selbst gefertigt. Weiterhin gab es Mähmaschinen, Dreschanlagen, Holzhacker und mobile Sägen und vieles mehr, was man heute in den landwirtschaftlichen Abteilungen der Volkskundlichen Museen besichtigen kann, zum Beispiel in Molfsee, auf dem Hesterberg und besonders anschaulich im Landwirtschaftsmuseum in Meldorf.
- Bauschlosserei mit der Herstellung von Baubeschlägen, Zimmereinägeln, Bolzen, Angeln und Gerüstklammern sowie Kalkspaten und Maurerkellen.

Neben dem eigentlichen Schmieden ist auch das Schweißen von Werkstücken eine alte Schmiedekunst, die beispielsweise zur Reparatur gebrochener Wagen- und Maschinenachsen Anwendung fand. Dabei wurden die Bruchstücke zunächst im Feuer bis zur Weißglut erhitzt, dann mit der Stauchmaschine stumpf zusammengeschweißt und anschließend wieder auf Maß ausgeschmiedet. Daneben gab es schon seit einiger Zeit das autogene Schweißen mit Acetylengas aus dem Karbidentwickler. In diesem Gerät wurde aus Karbid und Wasser das technische Nutzgas erzeugt. Später gab es dann Acetylengas auch in Flaschen und erste elektrische Schweißgeräte.

In der Zeit nach 1945 kamen die Arbeitsaufträge nicht nur von der Bevölkerung, den Handwerkern und aus der Landwirtschaft des Dorfes, sondern auch von außerhalb. Vermutlich ließen auch die auf dem Fliegerhorst Jagel stationierten englischen Besatzungstruppen in Selk Aufträge ausführen.

Neben der damals noch regulären Reichsmark wurden viele Rechnungen noch im Tauschhandel beglichen. Insbesondere die Engländer bezahlten mit den begehrten Zigaretten und mit Brot. Das änderte sich schlagartig mit der Währungsreform 1948. Grundsätzlich wurden Schmiedeleistungen nach Zeit- und Materialaufwand in Rechnung gestellt. Viele Arbeiten wurden aber auch zu Festpreisen erledigt, beispielsweise Geräte schärfen, Reifen aufziehen, einen Huf beschlagen. Diese Preise enthielten pauschaliert Lohnkosten, Betriebs- und Materialkosten sowie den Gewinnanteil des Besitzers der Schmiede. Mit den Verdiensten in der Zeit nach 1945 verhielt es sich so: Der selbständige Schmiedemeister hatte keinen festen Lohn. Er verdiente generell an allen Einnahmen nach Abzug von Steuern, Löhnen und Betriebskosten. Ein Schmiedegeselle erhielt wöchentlich 6 RM bei freier Kost und Logis, wie es damals noch üblich war. Bei besonderen

Aufträgen gab es Akkordzulagen. Ein stiller Verdienstanteil waren die Trinkgelder, die auch der Lehrling behalten konnte, der sonst außer Kost und Logis keinen Lohn erhielt. Für Lohnempfänger mussten als Nachweis für entrichtete Beiträge zur Sozialversicherung durch Arbeitgeber und -nehmer im Rentenversicherungsnachweisheft „Marken" geklebt werden. Für die Krankenversicherung war die Allgemeine Ortskrankenkasse in Schleswig zuständig.

Gearbeitet wurde in der alten Busdorfer Schmiede nach 1945 an sechs Wochentagen, bei Bedarf natürlich auch am Sonntag. Gleiches dürfte auch für die Selker Schmiede gegolten haben. Regelmäßiger Arbeitsbeginn war stets 7 Uhr morgens. Zuvor musste der Geselle oder der Lehrling das Schmiedefeuer entfacht haben. Frühstück gab es dann neben der Arbeit, während mittags eine Stunde Pause gemacht wurde. Arbeitsende war im Winter um 18 Uhr und um 19 Uhr im Sommer, das heißt, 10 bis 11 Stunden Arbeitszeit täglich. Anschließend wurde zu Abend gegessen, und der Rest des Abends war Freizeit. Allerdings ging man allgemein relativ zeitig zu Bett, um am nächsten Tag wieder kräftig zupacken zu können. Hin und wieder ging man abends ein Bier trinken und spielte ein- bis zweimal in der Woche Karten. Am Wochenende besuchte man auch Tanzvergnügen in den Landgasthäusern der Umgebung, zum Beispiel im Gasthaus „Quellental" in Selk oder im Historischen Gasthaus in Haddeby. Es gab natürlich auch private Hobbys und Elternbesuche und die Freundin.

Die Lebens- und Arbeitsbedingungen in der Zeit kurz nach 1945 glichen noch weitgehend denen der Vorkriegszeit. Die nach der Währungsreform einsetzende Wirtschaftsentwicklung blieb nicht ohne Folgen auch für Handwerksbetriebe wie die Selker Schmiede. Viele traditionelle Betriebe blieben auf der Strecke, da sie vom Wandel in der Gesellschaft und der technischen Entwicklung überholt wurden.

Ulrich Vogel

Im Krieg 1848-51

In Heft 1 unserer Dorfchronik aus dem Jahre 2017 wurde in dem Artikel „Selk als Schlachtfeld des 19. Jahrhunderts" berichtet, dass sich die deutsche Bevölkerung Schleswig-Holsteins gegen die Versuche, das Herzogtum Schleswig dem Königreich Dänemark einzuverleiben, erhob. Die Folge war der sogenannte 1. Deutsch-Dänische Krieg, der drei Jahre lang dauerte.

Nun soll es in diesem Artikel im Wesentlichen nicht um die Schlachten gehen, sondern um die Schicksale zweier Soldaten, die sich in zwei Schriftstücken unseres Archivs widerspiegeln. Das erste Schriftstück ist eine Kopie eines Führungsattests:

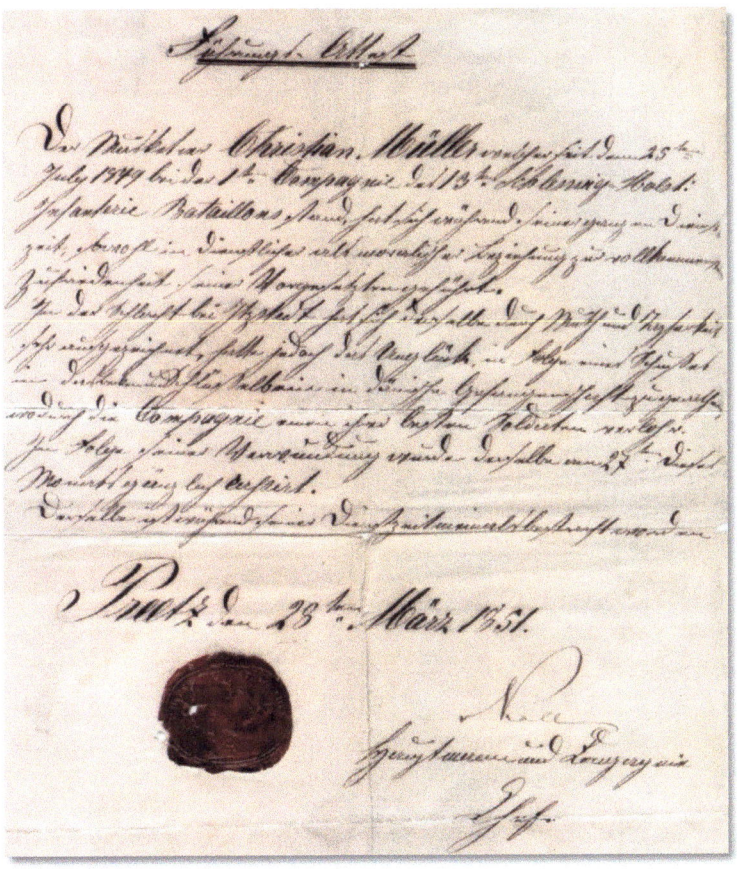

Leider wissen wir nicht genau, wie diese Kopie in unser Archiv gelangt ist und wo besagter Christian Müller gewohnt hat. Hier für alle, die diese Schrift nicht lesen können, die Transkription:

Führungs-Attest

Der Musketier Christian Müller, welcher seit dem 25ten
July 1849 bei der 1ten Compagnie des 13ten Schleswig-Holst:
Infanterie Bataillons stand, hat sich während seiner ganzen Dienst-
zeit, sowohl in dienstlicher als moralischer Beziehung zur vollkommenen
Zufriedenheit seiner Vorgesetzten geführt.
In der Schlacht bei Itzstedt hat sich derselbe durch Muth und Tapferkeit
sehr ausgezeichnet, hatte jedoch das Unglück, in Folge eines Schusses
in das Becken und Schlüsselbein in dänische Gefangenschaft zu gerathen,
wodurch die Companie einen ihrer besten Soldaten verlohr.
In Folge seiner Verwundung wurde derselbe am 27ten dieses
Monats gänzlich cassirt. [ausgemustert, Anm. d. Red.]
Derselbe ist während seiner Dienstzeit niemals bestraft worden.

Preetz, den 28ten März 1851

Siegel   *Nall*
                     Hauptmann und Compagnie
                         Chef.

Das zweite Schriftstück ist die Kopie eines Briefes von einem Vater aus „Alte Möhl", dem heutigen Selker Ortsteil Altmühl, an seinen Sohn, der als Soldat kämpft. Er zeigt nicht nur die Sorgen der Verwandten, sondern auch das dörfliche Leben zu der Zeit.

An
Musketier Detlef Henningsen
Hadersleben

Lieber Sohn, Dein Schreiben haben wir erhalten und haben daraus gesehen, dass
Du bist gesund aus dem Gefecht heraus gekommen. Welches uns eine herzliche
Freude ist. Wofür wir dem lieben Gott danken. Was uns anbelangt, so danken
wir Gott für ziemliche Gesundheit und wünschen, dass unser Schreiben Dich
auch bei guter Gesundheit antreffen möge. Den Brief von dem 25. Juni haben

wir auch erhalten, aber wir wussten nicht, wo wir in dem Augenblick hinschrei-
ben sollten. Den letzten Brief von dem 10. Juli aus Weile haben wir erst den 21.
d. M. erhalten. Wir haben aber Nachricht gekriegt aus dem Marketender Hans
H. Las sein Brief, dass Du wärest mit auf der Retirade von Friedericia nach
Weile gekommen. Er hat an seine Mutter geschrieben, die bei Klaus Jünke ist als
Haushälterin in der Alde Mühl. Diese Nachricht hat uns etwas beruhigt. Die
Rede ging hier davon, Du solltest tot sein, einige sagen, Du hättest eine Kugel
durch die Hand gekriegt und Detlef, Dein Kamerad, er wüsste auch nicht, wo Du
geblieben wärst. Wir wollen den lieben Gott bitten, dass er Dich mag ferner be-
hüten.

Wir haben 6 Bienenschwärme, 5 alte haben wir auch, man sie haben dieses Früh-
jahr viel gelitten wegen der ungestümen Witterung. Wir haben sie aber gut gefüt-
tert, hier sind noch einige, die haben noch keinen Schwarm, es ist hier in diesem
Augenblick auch eine ungestüme Witterung. Das Korn steht hier ziemlich gut.
Wir haben 2 Fuder Heu von Koch aus Bennebeck gekriegt, a. Fuder 4 Thaler.
Bürnberg und Katebeck hat Klaus Leuf gemäht, da ist gutes Futter, aber wir
haben es noch nicht eingeerntet. Dein Onkel aus Niederselk seine Frau ist krank,
sie hat die Wassersucht, da ist wohl keine Hilfe hier auf der Welt mehr zu hoffen.
Der Krieg ist wohl noch sobald nicht beendet. Hier sagen sie nun wieder von 6
Monat Waffenstillstand.

Deine Schwester, die muss noch wieder bei zum Torf Streichen, denn wir haben
noch nicht so viel, dass wir den Winter durchkommen können. Weiter weis ich
Dir nichts mehr zu schreiben. Wir wollen Dir dem Schutze des Allerhöchsten
anbefehlen, er wird Dich leiten und führen auf allen Deinen Wegen. Lebe wohl,
mein lieber Sohn. Viele Grüsse von uns allen, von Vater, Mutter, Schwester und
unser Jürgen.

Alte Möhl, d. 22. Juli 1849. Dein Vater Detlef Henningsen und nochmals, lebe
wohl, lieber Sohn.

[Bürnberg und Katebeck sind Flurnamen, Anm. d. Red.]

Die Gebäudesteuerveranlagung im Jahre 1867

Die Vorgeschichte

Nach dem Ende des Krieges 1864 musste sich Dänemark am 30. Oktober im Wiener Frieden der Forderung der siegreichen deutschen Großmächte unterwerfen: Der dänische König Christian IX. verzichtete auf seine Rechte an den Herzogtümern Schleswig, Holstein und Lauenburg zugunsten des Kaisers von Österreich und Königs von Preußen.

Schon zum Jahreswechsel zuvor hatte der damalige preußische Ministerpräsident Otto von Bismarck anlässlich eines mitternächtlichen Silvesterpunsches als eines seiner Ziele genannt, dass die „Up-ewig-ungedelten" (gemeint waren natürlich die Schleswig-Holsteiner) einmal Preußen werden müssten. Davon war er aber nach dem Wiener Frieden noch weit entfernt.

Allerdings waren sich die beiden Siegermächte bei der Verwaltung Schleswig-Holsteins nicht einig. Im Vertrag von Gastein vom 14. August 1865 einigte man sich darauf, dass Schleswig von dem preußischen Gouverneur Generalleutnant von Manteuffel und Holstein von dem österreichischen Statthalter Feldmarschall-Leutnant von Gablenz regiert werden sollte. Das Herzogtum Lauenburg fiel an Preußen; Österreich erhielt dafür eine Geldentschädigung.

Am 1. Juni 1866 beantragte Österreich bei der Bundesversammlung in Frankfurt, die Zukunft der Herzogtümer der Beschlussfassung des Bundes zu überlassen, was gegen die Vereinbarungen des Wiener Friedens und des Gasteiner Vertrages verstieß. Auf Anweisung Bismarcks rückte von Manteuffel in Holstein ein. Die Österreicher räumten – unter Protest – kampflos das Feld.

Eine kriegerische Auseinandersetzung der beiden Siegermächte ließ sich nicht mehr abwenden und die preußischen Armeen schlugen am 3. Juli 1866 die Österreicher bei Königgrätz. Im Frieden zu Prag am 23. August musste Österreich zugunsten Preußens auf alle Rechtsansprüche auf Schleswig-Holstein verzichten.

Durch das Annexionspatent des preußischen Abgeordnetenhauses vom 24. Dezember und durch das Besitzergreifungspatent König Wilhelms I. vom 12. Januar 1867 wurde Schleswig-Holstein zur preußischen Provinz. Mit seiner „Allerhöchsten Proklamation" wandte sich der König an die Bevölkerung.

Allerhöchste Proklamation

an die Einwohner der Herzogthümer Holstein und Schleswig.

Durch das Patent, welches Ich heute vollzogen habe, vereinige Ich Euch, Einwohner der Herzogthümer Holstein und Schleswig, mit Meinen Unterthanen, Euren Nachbaren und Deutschen Brüdern.

Durch die Entscheidung des Krieges, durch völkerrechtliche Verträge und durch die Neugestaltung des gemeinsamen Deutschen Vaterlandes nunmehr aus Verbindungen gelöset, die Ihr schon lange nur mit Widerstreben getragen, tretet Ihr jetzt in den Verband eines großen Staates, dessen Bevölkerung Euch durch Stammesgemeinschaft und Sitte verwandt und durch Gemeinsamkeit der Interessen befreundet ist.

Wenn Manche unter Euch sich nicht ohne Zögern von anderen Beziehungen losgesagt haben, so ehre Ich auch hierin die bewährte Festigkeit Eures Stammes und würdige dieselbe als eine Bürgschaft, daß Ihr und Eure Kinder auch Mir und Meinem Hause mit Treue angehören werdet. Ihr werdet die Nothwendigkeit des Geschehenen erkennen; denn sollen die Früchte des schweren Kampfes und der blutigen Siege für Deutschland nicht verloren sein, so gebietet es ebenso die Pflicht der Selbsterhaltung, als die Sorge für die Förderung der nationalen Interessen, die Herzogthümer mit Preußen fest und dauernd zu vereinigen. Und — wie schon Mein in Gott ruhender Herr Vater es ausgesprochen — nur Deutschland hat gewonnen, was Preußen erworben.

Dieses werdet Ihr mit Ernst erwägen und so vertraue Ich Eurem Deutschen und redlichen Sinn, daß Ihr Mir Eure Treue eben so aufrichtig geloben werdet, wie Ich zu Meinem Volke Euch aufnehme.

Euren Gewerben und Eurer Landwirthschaft, Eurem Handel und Eurer Schifffahrt eröffnen sich durch die Vereinigung mit Meinen Staaten reichere Quellen. Meine Vorsorge wird Eurem Fleiße wirksam entgegenkommen.

Eine gleiche Vertheilung der Staatslasten, eine zweckgemäße energische Verwaltung, sorgsam erwogene Gesetze, eine gerechte und pünktliche Justizpflege, kurz alle die Garantien, welche Preußen zu Dem gemacht, als was es sich jetzt in harter Probe bewährt hat, werden Euch fortan gemeinsame Güter sein.

Eure kriegstüchtige Jugend wird sich ihren Brüdern in Meinen anderen Staaten zum Schutze des Vaterlandes treu anschließen, und mit Freude wird die Preußische Armee und Marine die tapferen und seetüchtigen Schleswig-Holsteiner empfangen, denen in den Jahrbüchern Deutschen Ruhmes nunmehr ein neues Blatt eröffnet ist.

Die Diener der Kirchen werden auch fernerhin die Bewahrer des väterlichen Glaubens sein.

Euren Lehranstalten, den vieljährigen Pflegerinnen Deutscher Kunst und Wissenschaft, werde Ich Meine besondere Aufmerksamkeit widmen, und wenn der Preußische Thron, je länger desto mehr, als der Hort der Freiheit und Selbstständigkeit des Deutschen Vaterlandes erkannt und gewürdigt wird, dann wird auch Euer Name unter denen seiner besten Söhne verzeichnet werden, dann werdet auch Ihr den Augenblick segnen, der Euch mit einem größeren Vaterlande vereinigt hat.

Das walte Gott!

Berlin, den 12. Januar 1867.

Wilhelm.

Der aufmerksame Leser dieser Proklamation wird gleich geahnt haben, dass unter einer „gleichen Verteilung der Staatslasten" die Eintreibung von Steuern zu verstehen ist. Und so war es nur folgerichtig, dass schon im April des Jahres 1867 von allen Eigentümern Daten zur Gebäudesteuerveranlagung erhoben wurden.

Betroffene von heute werden sich gewiss gleich daran erinnern, dass im Mai im Rahmen des Zensus 2022 „Eigentümerinnen und Eigentümer, Verwaltungen sowie weitere Verfügungs- und Nutzungsberechtigte von Gebäuden und Wohnungen" Fragen zum Baujahr, Energieträger, zur Wohnfläche, Anzahl der Räume und Zahl der Personen, die darin leben, beantworten mussten. Vom 1. Juli bis zum 31. Oktober sollten alle Eigentümer von Grundstücken ihre Grundsteuererklärungen sowohl zu „Wohngrundstücken" als auch zu „gemischt genutzten und Nicht-Wohngrundstücken" und „unbebauten Grundstücken" abgeben. Zwischenzeitlich wurde die Abgabefrist bis zum 31. Januar 2023 verlängert. Fragen zu Gemarkung und Flurstück, Eigentumsverhältnissen, Grundstücksgröße, Bodenrichtwert und Baujahr der Gebäude waren z. B. zu beantworten. Vergleicht man die Anzahl der Fragen mit der Erhebung von 1867, so fällt auf, dass seinerzeit viel mehr erfasst wurde.

Allerdings wurde die Befragung von vertrauenswürdigen Personen vorgenommen, z. B. vom „Bauervogt" oder „Gevollmächtigten". Auf dem Gebiet der heutigen Gemeinde Selk gab es zwei Nachweisbezirke, einmal die Ortschaften „*Niederselk, Altmühlen, Loopstedt, Wedelsprang und dem Sct Johannis Klösterlichen Antheile der Ortschaft Esprehm unter der Bauervogtschaft Niederselk gehörig im Sct Johannis Klösterlichen Districte*" (Nr. 72), zum anderen die Ortschaft „*Oberselk in der Arens-Harde, Kirchspiel Haddeby*" (Nr. 73).

Erfasst wurden im Bezirk Nr. 72 die Gebäude vom „Bauervogt Jürgen Henningsen" und im Bezirk Nr. 73 vom „Gevollmächtigten C. F. Matzen", wobei unter einem Gebäude häufig ein ganzer Gebäudekomplex mit Abnahmehäusern, Ställen, Scheunen oder Backhäusern verstanden wurde. Leider lassen die damals erhobenen Daten nur in Ausnahmefällen Rückschlüsse auf die heutigen Eigentümerinnen oder Eigentümer zu.

Insgesamt 25 Spalten umfasste der Fragebogen:

1. Laufende Nummer

In Oberselk wurden 10 Gebäude mit Nebengebäuden erfasst, in der Bauervogtschaft Niederselk in den Ortschaften Niederselk 8, in Altmühl (Altmühlen) ebenfalls 8, in dem Teil von Esprehm, der dem St.-Johannis-Kloster in Schleswig gehörte, 3 in Loopstedt 7 und in Wedelspang (Wellsprang, Wedelsprang) 2.

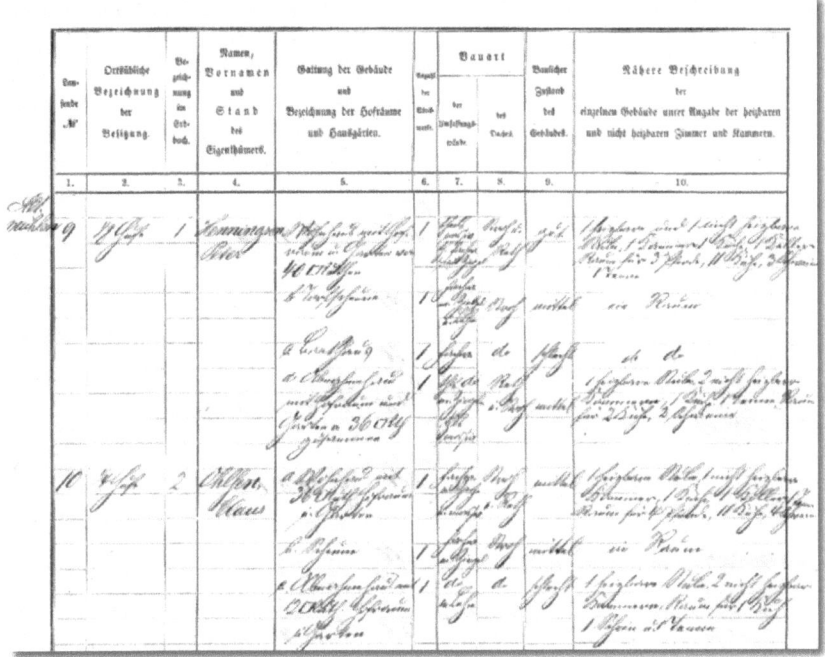

Faksimile eines Teils des Erhebungsbogens

2. Ortsübliche Bezeichnung der Besitzung

In dieser Spalte findet man folgende Eintragungen: 7/16 Hufe, 3/8 Hufe, Instenkathe, Doppelkathe, Hauseigenthümer, 3/16 Hufe, 1/2 Hufe, 1/4 Hufe, 1/2 Kathe, 2/3 Hufe, 5/4 Hufe und 3/4 Hufe. Die Hufe war allgemein 30 Morgen à 300 Quadratruten groß, entsprach also einer Fläche von 19 ha.

3. Bezeichnung im Erdbuch

Hier haben manche Gebäude eine Nummer. Leider bleibt unklar, auf welches Grundbesitzverzeichnis sich diese Nummern beziehen.

4. Namen, Vornamen und Stand des Eigenthümers

Hier findet man einige Namen von Familien, deren Nachkommen auch heute noch in Selk leben, z. B. in Niederselk Henningsen, in Altmühl ebenfalls Henningsen und Koll sowie in Oberselk Matzen. Als Stand wurde für den Bezirk Oberselk die Bezeichnungen „Gevollmächtigte", „Schuhmacher", „Gastwirth", „Grobschmidt" und „Mühlenbesitzer" eingetragen, in dem anderen Bezirk fehlen diese Angaben.

5. Gattung der Gebäude und Bezeichnung der Hofräume und Hausgärten
Hier wird sofort die Nutzung der Gebäude klar ersichtlich: Wohnhaus mit Hofraum und Garten (Größe in Quadrat-Ruthen, 1 Quadrat-Ruthe entspricht rund 21 m²), Torfscheune, Abnahmehaus, Gartenland, Stallgebäude, Schweinestall, Stall, Torfstall, Backhaus, Wohn- und Wirtschaftshaus, Nebenhaus, Wagenremise und Wassermühle mit Werke sind die Begriffe, die in dieser Spalte genannt werden

6. Anzahl der Stockwerke
Im Jahre 1867 gab es in den beiden Bezirken nur einstöckige Gebäude.

7. und 8. Bauart der Umfassungswände und des Daches
Bei den Umfassungswänden wird der Begriff „Fachwerk" am häufigsten genannt.

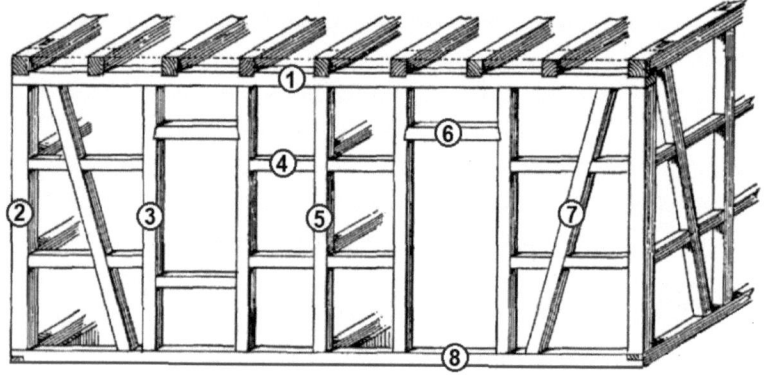

Dazu die Erklärung einiger Begriffe: (1) Rähmbalken, (2) Eckpfosten,
(3) Fenster- oder Türpfosten, (4) Riegel, (5) Zwischen- oder Bundpfosten,
(6) Sturz, (7) wandhohe Streben und (8) Wandschwelle.

Die behauenen Hölzer hatten meistens einen quadratischen Querschnitt mit einer Kantenlänge von 10 bis 18 cm. Aufeinandertreffende Teile wurden verzapft und mit Holznägeln gesichert. Als Holzarten wurden vorwiegend Eiche, manchmal auch Tanne verwendet.

Zum Ausfüllen der Zwischenräume (der Gefache) wurden in den beiden Bezirken Ziegel, Sand. Kalk, und Lehm benutzt. Selten wurden die Wände massiv gebaut. Es gab aber auch Gebäude ohne Umfassungswände. Dann ruhte das Dach auf Ständern.

Gedeckt waren die Häuser meistens mit Reet, Stroh, und Heide, gelegentlich auch mit Pfannen.

9. Baulicher Zustand des Gebäudes

Hier wurde im Bezirk 72 die „Noten" gut, ziemlich gut, mittel, schlecht und im Bezirk 73 gut, mittel, schlecht vergeben.

10. Nähere Beschreibung der einzelnen Gebäude unter Angabe der heizbaren und nicht heizbaren Zimmer und Kammern

Die meisten Wohngebäude hatten eine, manchmal zwei, die Gastwirtschaft drei und die Mühle sogar vier heizbare Stuben. Darüber hinaus gab nicht heizbare Kammern, Küche, Keller und Tenne. In Wirtschaftsgebäuden war Platz für eine bestimmte Anzahl von Pferden, Kühen oder Schweinen. Dazu gab es hie und da Wagenschauer, Torfstall, Kornboden oder Backstube.

11. Grund der etwaigen Steuerfreiheit

Reine Wirtschaftsgebäude waren steuerfrei.

12. Anzahl der Familien, welchen das Gebäude Wohnung gewährt

Die Gebäude wurden nur in einem Falle von zwei Familien, sonst von einer Familie bewohnt.

13. und 14. Größe und Reinertrag in Mark der zur Besitzung gehörigen Grundstücke

Die Größe der Grundstücke wurde in Steuertonnen angegeben (von 1 bis 84 im Bezirk 72, von 12 bis 34 im Bezirk 73, 1 Steuertonne betrug 320 Quadrat-Ruthen, also ca. 6720 m²), der Reinertrag lag zwischen 8 und 672 Mark im Bezirk 72 und zwischen 400 und 800 Mark im Bezirk 73.

15. Ist das Gebäude an Personen vermiethet, die weder zur Bewirtschaftung der Besitzung bestimmt sind, noch im Dienste des Besitzers stehen?

Diese Frage ist nur im Bezirk 73 bei 5 Gebäuden, meistens Nebengebäuden, mit „ja" beantwortet worden, im Bezirk 72 bei keinem.

16. bis 18. Innerhalb des Zeitraums vom Jahre 1853 einschließlich ab ist von dem Gebäude vermiethet gewesen an Räumen, im Durchschnitt der Jahre und jährlich für Mark.

Die Jahresmiete für eine Stube und zwei Kammern betrug z. B. bis zu 15 Mark, für ein ganzes Haus bis zu 20 Mark.

19. Angabe der Anstalt oder Gesellschaft, bei welcher, und der Summe, für welche das Gebäude gegen Feuersgefahr versichert ist.

Versichert waren die Gebäude bei der Brandkasse des Amtes Gottorf oder bei der Aachener und Münchener Versicherungsgesellschaft für bis zu 7130 Thaler.

20. Der jährliche Nutzungswerth beträgt nach dem Gutachten des Ortsvorstandes in Mark

Die Mark Courant oder Courantmark war eine in Norddeutschland gebräuchliche Rechnungseinheit für Silbergeld. Die Courantmark ist wertmäßig ein Vorläufer der Mark als Währung des Deutschen Reichs von 1871 bis 1923. Nach welchen Kriterien der Nutzungswert der Gebäude bestimmt wurde, geht leider aus den Erhebungsunterlagen nicht hervor.

21. bis 24 Nach dem Beschluss der Veranlagungskommission beträgt der jährlicher Nutzungswerth in Thalern, die Steuerstufe, der Jahresbetrag der Steuer nach § 5 zu 1. zu 4 % bzw. zu 2. zu 2 % in Thalern und Silbergroschen

Nach Rückgabe der ausgefüllten Erhebungslisten wurden die einzelnen Gebäude veranlagt. Die gesamte Jahressteuer wurde für den Bezirk 72 auf 39 Taler, 14 Silbergroschen, für den Bezirk 73 auf 12 Taler, 20 Silbergroschen festgesetzt. 1 Taler hatte den Wert von 3 Mark Courant oder 30 Silbergroschen.

25. Bemerkungen

Nur einmal ist diese Spalte ausgefüllt: „Die ½ Hufe mit Mühle ist verpachtet."

Jürgen Warnecke

Quellen:

Schleswig-Holstein eine Landesgeschichte, Historischer Atlas von Christian Degn, Wachholtz Verlag, 2. Auflage 1995
Schleswig-Holsteinisches Landesarchiv, Abt. 309, Geb. St. 1867, Nr. 1844 und Nr. 2009
Die große Chronik Weltgeschichte, Band 13, „Industrialisierung und nationaler Aufbruch", Wissen Verlag Media GmbH, 2008

Fluglärm über Selk

In der Gemeinde Selk haben wir 1991 ein Grundstück kaufen können, dann ein Haus gebaut und wohnen hier seit dem Jahr 1993 als Neubürger. Vorher lebten wir mehrere Jahre in Groß-Dannewerk und vormals länger im Friedrichsberg in Schleswig. Fluglärm kannten wir unter anderem als Segler auf der Schlei, wo wir seit 1982 segeln.

Der Fliegerhorst in Jagel wurde 1916 gegründet und wird seither militärisch genutzt. Von Oktober 1944 bis Februar 1945 flog das III. Kampfgeschwader 53 von hier ihre Angriffe gegen London und Manchester mit V1-Waffen. Nach dem Zweiten Weltkrieg nutze die Britische Royal Airforce den Platz bis zur Übergabe an die neu gegründete Bundeswehr und ihrer Luftwaffe 1958. Von Jagel aus starteten 1948 die Luftbrückenflugzeuge nach Berlin. Im Kalten Krieg beheimatete der Fliegerhorst in Jagel das Marinefliegergeschwader 1, das jahrelang mit Hawker Sea Hawk, F-104 Starfighter und später mit Tornado IDS ausgestattet war. Am 1. Januar 1994 wurde das Geschwader als Aufklärungsgeschwader 51 „Immelmann" (seit 1. Oktober 2013 Taktisches Luftwaffengeschwader 51 „Immelmann") in die Luftwaffe überführt. In den Jahren 2004 und 2014 fand hier das jährliche NATO Tiger Meet statt. (Daten aus Wikipedia zum Fliegerhost Schleswig)

Die Flieger ganz allgemein sichern mit ihrem Dienst die freiheitliche Grundordnung der Bundesrepublik Deutschland und dazu gehören Flugbewegungen und Übungsdienst auch bei Dunkelheit. Das ist ihr Auftrag, den sie erfüllen müssen; so weit so gut.

Die Einwohner Selks sind also mittlerweile seit über 100 Jahren in gewisser Weise an Flugzeuge und die von ihnen ausgehende Geräuschkulisse gewöhnt, die sich technisch bedingt im Laufe der Jahrzehnte aber deutlich verändert hat. Bis zur Einführung von strahltriebwerksgetriebenen Flugzeugen seit Ende des 2. Weltkrieges waren Propellermaschinen mit herkömmlichen Motoren in Jagel auf dem Flugfeld unterwegs. Der Klang der Motoren wurde ja sogar in einem Lied von Reinhard Mey „Über den Wolken" besungen und unterscheidet sich in Stärke und Intensität von der Lärmemission, die von Strahltriebwerken ausgeht.

Schon seit 1984 wurde immer wieder über die Fluglärmbelastung in Selk berichtet. Die Umrüstung vom Starfighter auf den Tornado brachte zusätzlichen Lärm, wie in einem Zeitungsartikel der Schleswiger Nachrichten vom 06.08.1984 zu einer Bürgerfragestunde in Selk zu lesen ist. Die Marineflieger mit Tornado-Jagdflugzeugen leisteten sich damals ungeregelte Überflüge über das Dorf und

Tiefflüge über die Häuser, Nachtflüge; sicher alles im Rahmen ihres militärischen Auftrages. Gerade aber im Jahr 1989 häuften sich die Zeitungsberichte über Fluglärmbelästigung in Selk und Berichte über Proteste der Selker Bürger, nachzulesen in einem Artikel vom 22.09.1989. Eine Lärmschutzkommission aus Bürgermeistern und Vertretern des Militärs sollte Regelungen finden, wie der Fluglärm reduziert werden könnte.

Anfang 1993 haben wir unser Haus in Selk aus Dannewerk kommend bezogen. Am Fluglärm hatte sich gefühlt nichts geändert, wie wir nahezu jeden Tag mit den Kindern im Garten feststellen konnten. In Gesprächen mit anderen Einwohnern wurden Argumente genannt wie: dass hier Fluglärm ist, weiß doch jeder, Fluglärm sei eben der Preis der Freiheit, selber schuld, wenn ihr hierherzieht und anderes ...

Die Lärmschutzkommission tagte immer noch regelmäßig, aber es konnte keine befriedigende Lösung gefunden werden. In einem Zeitungsartikel aus dem Jahr 1994 wurde die Gemeinde von Bürgern aufgefordert, endlich etwas ernsthaft gegen den Fluglärm der nunmehr Luftwafffentornados zu unternehmen.

Eine Bürgerinitiative gegen Fluglärm hat es gegeben, aber da habe ich keine weitergehenden Informationen mehr. Protestveranstaltungen vor dem Flugplatz in Jagel hat es wohl auch gegeben.

In unseren Anfangsjahren nach 1993 gab es beim Flugplatz die S3-Anrufstelle für Meldungen von direkten Überflügen über das Gemeindezentrum mit Meldung von Datum, Uhrzeit und gemachter Beobachtung. Diese Dienststelle habe ich damals öfters angerufen, wenn ich am Nachmittag nach der Arbeit in unserem Garten war und Tornados direkt unser Haus im Mühlenweg überflogen. Diese Beschwerdestelle wurde später – wann, weiß ich nicht mehr – abgeschafft. Anrufe meinerseits direkt im Verteidigungsministerium verliefen erfolglos, da man sich der Sache dort nicht annehmen wollte.

Eine gewisse Lösung der Probleme konnte im Rahmen des Gesprächskreises der Bürgermeister der anliegenden Gemeinden mit den Vertretern des Aufklärungsgeschwaders 51 „Immelmann" doch gefunden werden: die Anflugroutine auf einer festgelegten Bahn um das Gemeindezentrum herum, mit Überflugverbot des Gemeindezentrums. Das heißt, die Flugzeuge fliegen im Anflug auf den Flugplatz in einer großen Kurve herum um das bebaute Gemeindezentrum, dann über die Noorbrücke, bis sie zur Landung ansetzen. Dass galt und gilt bis heute auch für Nachtflüge.

Gerade die Nachtflugproblematik war wiederum jahrelang Thema in Zeitungsartikeln der Schleswiger Nachrichten, die entsprechenden Umlandgemeinden betreffend. Je nach politischer Lage oder Bauarbeiten an den Rollbahnen gab es mal mehr, mal weniger Fluglärm am Tage und auch bei Nacht, wobei es Regelungen gibt, dass z. B. nur bis 22:00 Uhr geflogen wird und am Wochenende gar nicht. Damit leben wir nunmehr seit Jahren.

Tornados über dem Selker Noor

Weitere Unruhe brachten in der Gemeinde Pläne zum Betrieb eines Regionalflughafens für Ferienflieger durch einen Schleswiger Investor. Viele Besucher waren zu einer Selker Einwohnerversammlung auch aus Nachbargemeinden gekommen, um sich über die Planungen zu informieren und ihren Protest dagegen auszudrücken. Über immer wieder zunehmenden Fluglärm im Regelbetrieb des Geschwaders wurde dabei auch berichtet. Es wurde diskutiert, ob ein Regionalflughafen mit vorwiegenden nächtlichen Starts und Landungen von Ferienfliegern für die Anliegergemeinden erträglich wäre, ob es Vorteile durch zusätzliche Arbeitsplätze gäbe und überhaupt die Wirtschaft der Region gefördert würde. Trotz zunehmender Proteste der Bevölkerung sprach sich m Jahr 2005 die Gemeindevertretung mit knapper Mehrheit für die Inbetriebnahme des Regionalflughafens aus. Die mittlerweile gegründete Airgate SH als Betriebsgesellschaft für den Flughafen warb um Zustimmung, aber nicht alle Informationen über den geplanten Betrieb wurden der Öffentlichkeit zugänglich gemacht. Von einem Geheimpapier war die Rede, das alle Entscheider gelesen haben sollten. Letztlich wäre die gesamte Schleiregion betroffen. Im Jahr 2008 wurde berichtet, dass die noch vorhandenen Beschwerdetelefone für Fluglärm in Kropp und beim Luftwaffen Bundesamt zwar rege genutzt würden, aber es keine Rückmeldungen gäbe, was mit den Beschwerden der Bürger passierte bzw. ob diese überhaupt etwas bewirken könnten. Viele Bürger der Anwohnergemeinden fühlten sich machtlos.

Das Thema Fluglärm über Selk beschäftigte die Presse auch in den folgenden Jahren. Immer wieder gab es Proteste gegen den Lärm auf Einwohnerversammlungen, auf denen immer auch Vertreter der Luftwaffe seitens des Geschwaders 51 „Immelmann" vertreten waren und ihren Standpunkt dargestellt haben. Auch in einem Artikel von 2008 lasen wir über Fluglärm in Selk und dass zivile Flüge bei einer Mitnutzung des Flugplatzes Jagel nicht an Wochenenden vorgesehen wäre. Das Projekt eines privaten Regionalflughafens wurde erst Mitte 2014 für gescheitert erklärt und die Airgate SH aufgelöst.

Das Thema blieb den Bewohnern aber erhalten. Groß angelegte Übungen, Nachtflüge, Events und Baumaßnahmen an den Landebahnen und vieles mehr beschäftigte die Fluglärmkommission auch weiterhin. Gespräche, in denen die strikte Einhaltung der Flugzeiten eingefordert wurde, führten letztlich doch zu einer gewissen Verbesserung der Situation. Geblieben sind bis heute die Geräuschemissionen je nach Windrichtung und verwendeter Startbahn bei Starts und Landungen durch Hochfahren der Triebwerke vor dem Start und Umkehrschub bei der Landung. Die Gläser klirren im Küchen- und im Wohnzimmerschrank. Besonders der Ausbildungsbetrieb am Flugplatz nach dem Rückzug der Tornado Flugausbildung aus den USA, führte wieder zu einer stärkeren Belastung der Bevölkerung der Umlandgemeinden des Fliegerhorstes Jagel ab April 2017. Seither hat sich nichts mehr geändert; mal mehr, mal weniger Fluglärm in Selk und die Fluglärmkommission tagt immer noch; zumindest wurde bisher nichts Gegenteiliges in der Presse gemeldet. Von Friedensaktivisten hat es in den zurückliegenden Jahren immer wieder Proteste und Mahnwachen vor den Toren des Flugplatzes gegeben.

Ein geplanter Einsatz von Drohnen vom Flugplatz Jagel aus, lässt vielleicht eine geringere Geräuschentwicklung vermuten. Am 10.12.2022 wurde im NDR davon berichtet, dass die Bundeswehr zunächst Drohnen hier am Standort testen will. Später sollen neue Kampfdrohnen, die aus Israel kommen, fest in Jagel stationiert werden. Allerdings gibt es dafür noch keine festen Daten. Ob der Einsatz der Tornados dann endet? Wir werden sehen.

Ulrich Vogel

Quellen:
Schleswiger Nachrichten 1984 bis 2017

Schulchronik
der Schule in Ober-Selk
Teil 7

In den Heften 1 bis 6 haben wir in den letzten sechs Jahren die Seiten der Schulchronik wiedergegeben, auf denen die Ereignisse der Jahre 1905 bis 1931 beschrieben wurden.

1932 – **Konfirmiert** wurde in diesem Jahre nur ein Junge, nämlich Bruno Paap. Er war ein vorbildlicher Schüler mit sehr guten Gaben. Eingeschult wurden 4 Kinder (3 Knaben + 1 Mädchen). Die Schülerzahl übersteigt wohl im nächsten Jahr schon die 30.

Kinderfest: Am 29. Juni feierte die Schule in der Gastwirtschaft von Cordts das Kinderfest. Es war von herrlichstem Wetter begünstigt. König wurden Reinhold Pohl und Königin wurde Grete Brügmann. Fast alle Eltern und Dorfbewohner waren versammelt. Gemeinsame Kaffeetafel fand im Garten statt. Für 20 Pfennig pro Kind lieferte der Wirt satt Kuchen und Erdbeertorten. Alle waren des Lobes voll. So eine Bewirtung kannte Selk bisher nicht. Um ½ 9 Uhr abends war der letzte Tanz. Danach fand in der üblichen Weise die Verteilung der Geschenke vor der Schule statt. Mit vergnügten Gesichtern gingen alle heim.

Vom 16. Sept. - 1. Okt. hatten wir hier an unserer Schule einen **Studenten der pädagogischen Akademie** in Kiel zur weiteren Ausbildung. Voran ging eine Besprechung und Einführung im Landratsamt. Herr Schulrat Johannsen leitete die Versammlung. Vom 2. Tage an sollten die Studenten schon möglichst unterrichten. Der Lehrer sollte sich allerdings dann in „greifbarer Nähe" aufhalten (Prof. Hirschfeld).

Am 22. September fand die Revision durch Prof. Ulrich Peters und Prof. Hirschfeld statt. Der Student benahm sich trotz seiner Unerfahrenheit in der Landschule ganz geschickt. Er hatte gleich vom ersten Tage an die Verbindung mit der Klasse. Mit Hilfe der Oberstufe wurde ein Relief von Italien angefertigt. Es hängt als schöne Erinnerung für die Schüler und auch für den Lehrer an 14 Tage freudigen Schaffens in unserem Klassenraum.

Die **Weihnachtsfeier** fand wieder in der Schule statt. Gastwirt Cordts hatte uns Stühle, Bänke und Bretter für die Bühne geliehen. Eine hilde Zeit ging dem Fest voran. Neue Bühnenvorhänge wurden von Kinderhänden genäht und gefärbt, ein Bühnenrahmen wurde gezimmert und angestrichen. Weihnachtslieder erklangen bei der Arbeit. Freude, richtige Weihnachtsfreude wollten die Kinder ihren Eltern und Gästen bereiten, und sie haben es geschafft. Brechend voll war unsere Schulstube. Festlich strahlte der Tannenbaum, den uns der Landmann Jürgen Henningsen aus Altmühl geschenkt hatte. So manches Elternauge wurde feucht, so manches Elternherz vergaß für einige Stunden die Sorgen der Gegenwart, als die alten Weihnachtslieder durch den Raum klangen, und als auf unserer neuen Bühne kleine Weihnachtsstücke von unsern Dorfkindern in recht geschickter Weise aufgeführt wurden. Die Knaben spielten ein Krippenspiel, Herodes und die drei Weisen. Die Mädchen hatten sich das Märchen von den Himmelsbrieflein (Reinheimer) zugeschnitten. Beide Spielscharen ernteten reichen Beifall. Unsere Feier gipfelte in der spontanen Ansprache des alten Herrn Matthies aus Altmühl. In rührender Weise sprach er für die Elternschaft den Kindern und ihrem Lehrer den Dank aus.

1932 war für Volk und Vaterland ein sehr unruhiges Jahr. Der Niedergang in der Wirtschaft wurde trotz der guten Ernte immer sichtbarer, die Unzufriedenheit wurde immer größer. Politische Verhetzung drang bis in das letzte Dorf hinein. Wahlplakate hängen als Zeugen der vergangenen Wahlen an allen Pfählen und Mauern. Möge man unser schönes Schulhaus damit verschonen. In der Politik des Innern scheint es sonst zum Endkampfe zu gehen. Hoffentlich bricht sich die gesunde deutsche Volkskraft ihren Weg, damit wir vor russischen Zuständen bewahrt bleiben. Wenn auch hier und dort häufig Klagen laut werden über Übergriffe, und wenn auch unser schönes Oberselk leider nicht davon verschont bleibt, so wollen wir es der Gemeinheit einzelner Menschen zuschreiben, die mit der Erneuerung und Wiedergeburt unseres Volkes auch rein gar nichts zu schaffen haben. (1.1.33)

Am 29. März fand in der Schulklasse die diesjährige Schulprüfung statt. Der Besuch war gut. Der Lehrer prüfte und unterrichtete in allen Hauptfächern. – Der Begabungsstand der Klasse ist mittel.

Osterferien: Sie dauerten vom 30. März bis zum 1. Mai. Durch die Übernahme der Regierung durch die NSDAP wird wohl auf allen Gebieten geändert und verbessert werden. Auch unsere Schule kann nicht übergangen werden. Neue Lehrpläne werden entstehen, eine neue Stundenverteilung wird unbedingt eintreten müssen. Möge auch unsere Volksschule endlich die Rolle des Stiefkindes ablegen können, möge sie wirklich das werden, was der Name doch besagt, des Volkes Schule. (3. Mai 1933)

Versetzung

Zum 1. August 1933 erfolgte meine Versetzung an die einkl. Volksschule zu Bremsburg, Kreis Husum. Es steht mit nicht zu, an dieser Stelle den persönlichen Gefühlen Ausdruck zu geben, die mich bei meinem Scheiden aus dieser Gemeinde erfüllen. Es ist dafür auch kein Bedürfnis, denn die Gefühle, die mich bewegen, sie leben für immer in dem Herzen eines jeden anständigen Dorfbewohners: es hat deshalb keinen Zweck, sie auszusprechen. Möge es meinem Nachfolger gelingen, den so sehr erwünschten Frieden in der Gemeinde herzustellen, damit die Schule in engster Verbindung mit dem Elternhause ihrer großen Aufgabe an unsern Dorfkindern gerecht werden kann.

B. Clausen, Lehrer

**V. Eintragungen des Lehrers Curt Felsch
Chronik vom 1. August 1933 bis 5. September 1945**

Als Nachfolger des Lehrers B. Clausen wurde C. Felsch auf seinen Wunsch nach Oberselk versetzt.
Er ist am 3. Mai 1891 in Hamburg geboren, besuchte in Ratzeburg die Präparandenanstalt u. das Seminar, aus dem er Ostern 1913 entlassen wurde.
1917. – 2. Prüfung in Meggerdorf. Von dort auf seinen Wunsch nach Kurburg versetzt. (1927)

Am 25. Aug. fand in üblicher Weise in der Gastwirtschaft von J. Bruhn die Kindergilde statt. Eine Weihnachtsfeier wurde auf Wunsch der Regierung nicht abgehalten.

1934

Ostern 34 verließen ein Knabe u. ein Mädchen die Schule. Der Knabe wird bei den Pflegeeltern in der Landwirtschaft beschäftigt, das Mädchen ging in Stellung zu einem Bauern.
Ein Mädchen wurde neu aufgenommen.

Am 2. August erschütterte auch unser Dorf die Trauerbotschaft, daß der Reichspräsident Generalfeldmarschall von Hindenburg um 9 Uhr in die Ewigkeit eingegangen ist.
Die bisherigen Befugnisse des Reichspräsidenten gingen auf den Führer und Reichskanzler Adolf Hitler über.

Um das Verständnis von Stadt und Land zu fördern und der Arbeitslosigkeit zu steuern wurden auch bei uns Landhelfer und Landhelferinnen eingestellt. Die meisten lebten sich gut ein und blieben noch über die vorgesehene Zeit bei den Bauern. Für die Unterstützung der notleidenden Volksgenossen wurde auch in dieser Schulgemeinde eifrig gesammelt, sodaß dem Winterhilfswerk recht bedeutende Erträge an Sach- und Geldspenden zuflossen. Auch hier wurden an bedürftige Einwohner Zeug und Schuhe sowie sonstige Sachwerte verteilt. Besonders freudig wurden die Weihnachtspakete entgegengenommen.

1935

Aus der Schule wurden 3 Knaben und 4 Mädchen entlassen. 1 Knabe ging in die Kaufmannslehre, ein anderer wird Elektrotechniker und der dritte bleibt vorläufig bei den Eltern. Die Mädchen bleiben zunächst im Hause bei ihren Angehörigen.
1 Knabe und 1 Mädchen haben sich nach der dänischen Privatschule in Schleswig abgemeldet.
Neu eingeschult wurden 2 Knaben und 1 Mädchen. Die Schülerzahl beträgt am 23. April 35 – 26 (17 Knaben u. 9 Mädchen).

Weil auch vom Lande viele Arbeiter zu den Bauarbeiten in Schleswig und auf dem Klosterkrug herangezogen wurden, sind die Landarbeiter auch in unserm Dorfe in diesem Sommer sehr schwer zu bekommen. Darum mußten die Kinder noch mehr als sonst zu landwirtschaftlichen Arbeiten herangezogen werden.
Im Juli war auf Matzens Koppel hinter den Tannen ein H.J. Lager aufgebaut worden.
Am 1. Nov. ging Herr Pastor Radeke in den Ruhestand. Als Nachfolger wurde Herr Pastor Asmussen in unsere Kirchengemeinde berufen.

1936

Ostern wurden 2 Mädchen und 1 Knabe aus der Schule entlassen. Die beiden Mädchen bleiben zunächst im Hause bei den Eltern, während der Knabe in die Schmiedelehre ging.
Neu eingeschult wurden 1 Mädchen und 2 Knaben.

Am 26. Juni wurde auch in diesem Jahre wieder das Kinderfest in der üblichen Weise gefeiert.
Da in diesem Jahre wieder mit dem Flachsbau begonnen wurde, werden die Schulkinder bei den Erntearbeiten desselben mit herangezogen.
Die Qualität und auch die Menge entsprachen nicht den gehofften Erwartungen.

Auch in diesem Winter brachte das Winterhilfswerk gute Erträge an Geld und Sachwerten, die zum Teil hiesigen bedürftigen Leuten zugeführt wurden.

1937
Neu aufgenommen wurden 2 Mädchen u. 1 Knabe.
Da der Landwirtschaft wieder mehr Gelder zum Bauen zur Verfügung gestellt wurden, haben eine ganze Anzahl neuer Schuppen und Stallungen errichtet werden können.

Auch mit dem Bau von Futtersilos wurden einige Versuche unternommen. Sollten sie den Erwartungen entsprechen, so werden noch verschiedene Bauern solche anlegen.
Mit dem Anbau von Mais hat man hier unangenehme Erfahrungen gemacht. Die Krähen haben fast alle jungen Pflanzen ausgerissen, sodaß den Bauern der Mut zu neuen Versuchen gesunken ist.
Die Mühle, die seit vielen Jahren im Besitze der Familie Saar gewesen ist, wurde an Herrn Voß verkauft, da der alte Saar gestorben ist.
In diesem Winter hat der Wind großen Schaden angerichtet, da er von vielen trockenen Koppeln die Fruchterde meterhoch gegen die Wälle getrieben hat.
1 Junge, der in die Kaufmannslehre ging, wurde aus der Schule entlassen.

1938
4 Mädchen und 2 Knaben wurden in die Schule neu aufgenommen.
Da die Leutenot immer größer wird, haben die Bauern jetzt wieder mehr Fürsorgekinder in ihr Haus aufgenommen. Unser diesjähriger größerer Ausflug hat uns nach Kiel geführt. Im Anschluß an eine Hafenrundfahrt wurde auch das Ehrenmal bei Laboe besichtigt.
In diesem Sommer hat die Straße nach Schleswig eine Teerdecke erhalten. Nach und nach schaffen sich auch die hiesigen Bauern Autos an, sodaß hier jetzt schon 7 Autos laufen.
Außergewöhnlich hohe Schneeverwehungen haben die hiesigen Einwohner tagelang mit Schneeschaufeln beschäftigt.

In diesem Jahre wurde Herr Heinrich Matzen als Bürgermeister eingesetzt, nachdem der alte Bürgermeister seit 1933 zu aller Zufriedenheit sein Amt verwaltet hatte.
1 Knabe und ein Mädchen haben Ostern die Schule verlassen. Der Knabe ging in die Malerlehre und das Mädchen in eine Drogerie nach Schleswig.

1939
3 Knaben und 1 Mädchen wurden neu in die Schule aufgenommen.

In diesem Jahre wurde am 24. Juni zum erstemale das Kindervergnügen mit Lottorf zusammen gefeiert.

Dieser Sommer ist für die Landwirtschaft recht ungünstig. Während im Vorsommer die Trockenheit die hoch gelegenen Koppeln zum Austrocknen brachte, haben die Landleute jetzt ihre Sorge, wie sie das Korn einbringen sollen, da wir schon wochenlang kaum einen Tag ohne Regen und Gewitter gehabt haben. Die Haferernte ist sehr schlecht ausgefallen.

Vom Kriege 1939

Am 1. September 1939 rückten unsere Truppen in Polen ein.

Der Schulunterricht fällt vorläufig im Interesse des Luftschutzes aus. Diese Zeit benutzen wir, um die Flachsernte einzubringen.

Folgende Ortsansässige wurden zum Heeresdienst einberufen:

1. Jürgen Frahm, Niederselk. 1.4.40 entlassen
2. Hans Matthies, Altmühl. 1.5.40 entlassen
3. Hans Möller, Altmühl. E.K. II
4. Heinrich Reimer, Altmühl. 1.6.40 entlassen
5. Thomsen, Oberselk. 1.5.40 entlassen
6. Heinrich Ivers, Oberselk
7. Peter Brügmann, Oberselk. 1.2.40 entlassen
8. Karl Nebel, Oberselk. E.K. II – gefallen
9. Hermann Henningsen, Niederselk
10. Hans Hansen, Altmühl. 11.8.42 gefallen
11. Georg Rost – gefallen
12. Adolf Pohl. E.K. II
13. Johs Hansen
14. Peter Henningsen
15. Kurt Henningsen
16. Johann Henningsen – E.K. II
17. Ahrend Matzen
18. Heini Matzen
19. Hermann Nielsen
20. Claus Möller
21. Karl Christiansen.
22. Ernst Schärff. 3.8.42 gefallen
23. Otto Friederich. E.K. II
24. Claus Schmidt. Kriegsverdienstkreuz mit Schwertern
25. Gunter Henningsen.
26. Detlef Henningsen – gefallen
27. Heinrich Henningsen

Um von Anfang an das Hamstern von Waren zu unterbinden, wurden gleich Lebensmittelkarten ausgegeben.
Damit alles Benzin der Heeresverwaltung und den lebenswichtigen Betrieben zur Verfügung stehen kann, ist das Fahren im Auto zu privaten Zwecken verboten.
Bis auf weiteres sind jeden Abend sämtliche Häuser zu verdunkeln und alle Fahrzeuge vorschriftsmäßig abzublenden. Manche Leute haben mit dem Bauen von Luftschutzkellern begonnen.
Vom 15.12.39 bis 31.1.40 war die Schulstube mit 24 Mann vom Reichsarbeitsdienst belegt, sodaß der Unterricht nachmittags in Geltorf abgehalten werden mußte.
Nach dem Abzug des Arbeitsdienstes konnte der Unterricht in Selk wieder aufgenommen werden. Wegen der ungewöhnlich starken Kälte – bis 29° reichte die Feuerung nicht bis Ostern, und da bei der allgemeinen Kohlenknappheit für die Schulen kein Brennmaterial zur Verfügung gestellt werden konnte, mußte der Unterricht vom 10.3. ab ausgesetzt werden.

Hans Möller, Altmühl, hat wegen Tapferkeit vor dem Feinde das E.K. II erhalten.

Während der Sommerferien, die bis zum 14. September verlängert wurden, haben Lehrer und Schüler die Flachsernte eingebracht, die in diesem Jahre recht gut ausgefallen ist.

Nach dem verschärften Luftangriff auf England haben auch die Einflüge der Engländer in unser Gebiet zugenommen. Darum gehen ab Anfang Sept. jede Nacht von 22 bis 3 Uhr 2 Mann Flugwache.
Zur Behebung des Mangels an Arbeitskräften hat Selk 24 Gefangene (Belgier) erhalten, für die bei Bruhn ein Gefangenenlager eingerichtet worden ist.

[Ab hier in lateinischer Schrift! Anm. d. Red.]

Im September 1941 ist Georg Rost in den schweren Kämpfen in Rußland gefallen.

Der Winter 1941/42 ist wieder außerordentlich hart. Starke Schneeverwehungen haben tagelang den Verkehr behindert, sodaß das Postauto nicht nach Selk kommen konnte. An Höchsttemperaturen wurden -24° gemessen.

Infolge des vielen Schmelzwassers brach am 26. März 42 der Mühlendeich durch und riß ein so großes Loch, daß in einer Stunde der Mühlenteich leerlief. Arbeitsdienstmänner und nach ihrem Abzug gefangene Russen wurden eingesetzt, um das Loch abzudichten. Mehrere Monate Arbeitszeit wird erforderlich sein, um den Deich wieder herzurichten.

Der Frostschaden ist so bedeutend, daß 50 ha Roggen ausgewintert sind und umgepflügt werden müssen.

Die Schüler 1942
hinten: Lehrer Kurt Felsch, Mariechen Green, Alwine Christiansen, Grete Brügmann, Edith Friedrich, Willi Henningsen, Friedrich Goldmann, Gunter Henningsen, Ernst Utermann, Ernst Henningsen, Reinhold Pohl; mittlere Reihe: ?, Gertrud Siemers, Irma Frahm, Karla Christiansen, Joachim Brügmann, Werner Green, Johann Pohl, Heinrich Utermann; vorne: Karl-Heinz Orloff, Arnold Frahm, Heinrich Henningsen, Heinz Siemers, ?, Karl-Heinz Christiansen, Alfred Goldmann.

Karl Nebel erhielt im Osten das E.K. II.
Adolf Pohl erhielt im Osten das E.K. II.

Wegen des günstigen Wetters ist die Kornernte trotz der bedeutenden Frostschä-den noch recht befriedigend ausgefallen, besonders das Sommerkorn.

Otto Friederich erhielt das E.K. II.

Während der Bestand an Rindvieh sich erhalten hat, hat der Bestand an Schweinen sehr abgenommen.

31.7.43
Heute kamen hier 35 Flüchtlinge an, die zum größten Teil bei den Terrorangriffen auf Hamburg total fliegerbeschädigt worden sind und nur ihr Leben gerettet haben. Sie wurden bei den Einwohnern untergebracht.

15.9.43
Die meisten der Bombengeschädigten sind wieder nach Hamburg zurückgekehrt, wo sie wieder in Arbeit gekommen sind und in den Lauben der Schrebergärten und in den stehengebliebenen Ruinen Unterkunft gefunden haben.

22.11.43
Am heutigen Tage hat die Gemeinde Selk eine Motorspritze bekommen. Damit hat auch die freiwillige Feuerwehr ihre Tätigkeit beginnen können.

Ostern 44 sind 1 Mädchen und 1 Knabe aus der Schule entlassen worden. Der Knabe wird Bauer.

15.4.44 ist eine evakuierte Familie aus Kiel im Schulhause einquartiert worden. Dafür wurde aus der einen Stube eine Tür nach dem Garten zu eingebaut.

Vom 14.10.44 bis 31.10.44 war ich zu Schanzarbeiten bei Lütjenholm (Langenhorn) eingesetzt. Während der Zeit hat eine Schulhelferin vertreten.
Danach wurde die Schulstube mit Marine belegt, die Schanzarbeiten für die Verteidigungsstellung von Schleswig verrichteten. Im ganzen waren über 2000 Mann eingesetzt worden.

**VI. Eintragungen des Lehrers Theodor Mohr
Chronik vom 6. September 1945 bis 25. Mai 1946**

Deutschland kapitulierte am 4.5.45. Unser Dorf wurde erst nach der Kapitulation besetzt. Im Zuge der Verhaftung und Entnazifizierung durch die Militärregierung wurde der bisherige Lehrer, Herr Felsch, seines Amtes enthoben. Am 6.9.45 wurde die Schule wiedereröffnet, mit der Leitung wurde der Lehrer Theodor

Mohr beauftragt. M. wurde am 28. Juni aus der britischen Gefangenschaft im
Lager Heide/Holstein entlassen. M. war vorher in Obragrund und Schloßhöhe im
Warthegau tätig. Der Schulunterricht fand zuerst im Saal des Gasthauses Quellental statt, da die Schule von Engländern belegt war. Noch vor Weihnachten
wurde das Schulhaus frei. Trotz verschiedener kalter Tage konnte der Unterricht
reibungslos bis zu den Osterferien am 5.4.46 ausgeführt werden. Anfang März
mußte Herr Felsch das Schulhaus räumen. Er tauschte mit Frau Behrke, die von
der Lehrerwohnung die oberen 2 Zimmer erhielt, von den unteren 3 Zimmern
behielten Danziger Flüchtlinge 2, das linke Zimmer wurde vorerst dem Lehrer
Mohr zur Verfügung gestellt.

Kündigung der Pächter einzelner Parzellen und Neuverpachtung der Bauernhöfe
an tüchtige Flüchtlingsbauern schaffen neue Existenzen. Das gleiche gilt für
Betriebe, die durch allein stehende Frauen oder alte Leute schlecht bewirtschaftet
werden.
Für die Heimarbeit muss zusätzlicher Wohnraum zugestanden werden. Das
Bringen und Abholen der Ware muss von Ort erfolgen. Die Einnahmen aus der
Heimarbeit werden vielfach als unsicher beurteilt.

Schule 1946

Im Jahre 1946 ist der ständige Lehrerwechsel ein Problem. Es gibt große Schwierigkeiten bezüglich der Unterkunft, Verpflegung und des Unterrichts. Die Gemeinde Selk, die bis 1943 etwa 230 Einwohner zählte, ist jetzt durch den abnor-
men Zustrom von Flüchtlingen auf 570 Einwohner angewachsen. Es sind entweder Ausgebombte aus Hamburg und Kiel oder Vertriebene aus den Ostgebieten.
Wie die meisten Bauernhäuser so ist auch das Schulhaus mit Flüchtlingen stark
belegt. Nur im Schulhaus sind allein 3 Flüchtlingsfamilien mit insgesamt 7 Kindern im Alter von 1-7 Jahren untergebracht, so dass für den Lehrer nur ein Zimmer und eine Küche zur Verfügung stehen. Diese Überfüllung bringt viel Unruhe
und Unzuträglichkeiten mit sich. Dazu kommt, dass das Schulhaus, die Neben-
räume und Abortanlagen infolge der wiederholten Belegung mit Mannschaften
aller Art sehr reparaturbedürftig sind. Es fehlen allein schon 8 Fensterscheiben,
so dass Privat- und Schuleigentum den Dieben leicht zugänglich ist. Da es sich
bei den bewerbenden Lehrkräften auch fast ausschließlich um Ausgebombte und
Flüchtlinge ohne Hab und Gut handelt, so können diese nur in solchen Gemeinden eine Lehrerstelle übernehmen, die ihnen entweder eine möblierte Dienstwoh-
nung oder eine entsprechende Unterkunft u. Verpflegung bei einem Bauern ver-
schaffen können. Da weder das eine noch das andere in Selk scheinbar möglich
ist, so ist zu befürchten, dass die hiesige Schule zum Nachteil der Schuljugend

auch künftig unter häufigem Lehrerwechsel zu leiden haben wird. Hinzu kommen noch die schulischen Schwierigkeiten. Während die Schülerzahl in Selk im Jahre 1943 noch 35 betrug, ist sie durch den Flüchtlingszustrom jetzt auf 76 angewachsen und wird nach den Sommerferien auf 84 steigen. Da sämtliche Altersstufen vom 6. bis 15. Lebensjahr vertreten und die Kinder aus den verschiedensten Gegenden des Reiches stammen und eine sehr unterschiedliche Vorbildung haben, die Lehr- und Lernmittel völlig ungenügend sind, so bedeutet dies eine überaus starke Mehrbelastung für die Lehrkraft und das gerade in einer Zeit der größten Lebensmittelknappheit.

Seit dem 1. August 1946 ist dem Lehrer Arthur Dubois aus Grönpan Kr. Surnland (Ostpr.) (?) die auftragsweise Verwaltung der hiesigen Schule anvertraut, er ist Flüchtling aus Ostpreußen. Flüchtling ist vielleicht nicht das richtige Wort. Die meisten dieser Menschen sind weniger auf der Flucht, als auf der Suche. Sie suchen ihre Angehörigen, sie suchen ein Unterkommen, sie suchen eine Möglichkeit zu arbeiten und zu leben. Alle diese Menschen müssen zusätzlich aufgenommen werden, wo immer ihre Aufnahme möglich ist. Das ist nicht leicht, aber es bleibt keine Wahl.

Das Ziel muss sein, die Heimatlosen einzuordnen. Sie dürfen nicht als Fremdkörper bleiben, der sie einstweilen sind. So ungeheuer schwer es für den, der Besitz und Heimat behalten hat, sein mag, das Elend der Ausgestoßenen zu verstehen, er muss es zu einem Teil zu seinem eigenen machen und die Pflicht erkennen, zu helfen. Und zwar muss alle Hilfe darauf abgestellt sein, den Heimatlosen neue Heimat zu schaffen. - Bei der letzten Zählung waren es 250 Einheimische und 435 Flüchtlinge.

Am 23.12.1946 feierte die hiesige Schule im Saale des Herrn Bruhn das Weihnachtsfest. Der Saal war überfüllt. Reichlich wurden Kuchen und Kaffee verabreicht, eine Spende der hiesigen Bauern, denen auch an dieser Stelle der Dank dafür ausgesprochen sei. Nach der Kaffeetafel folgten Gesänge und Aufführungen. „Hans u. Liese", aufgeführt vom 1. Schuljahr, „Hans und Lotte" und „Besuch" vom 2. und 3. Schuljahr, „Schneewittchen" vom 5. Schuljahr und „Der Weihnachtsmann vor dem Mikrophon" aufgeführt vom 6., 7., 8. und 9. Schuljahr. Immer wieder und wieder hörte man: „So etwas hat Selk seit 15 Jahren nicht gesehen". Die hiesigen Schulkinder konnten sich einer Schulweihnachtsfeier nicht erinnern, da die letzte 1932 abgehalten worden war. 1946 ist für uns Deutsche ein verlorenes Jahr. An seinem Beginn stand unser Wille zu harter Arbeit, stand Glaube an den Frieden, den nach Jahren des Krieges die Welt mit uns schließen würde. Am Ende dieses Jahres aber stehen Enttäuschung, Bitterkeit,

Lethargie und oft genug lebensmüde Verzweiflung. Hoffentlich bringt uns das Jahr 1947 das, was wir von ihm erhoffen.

Nach der Entlassung der Konfirmanden und der Neuaufnahme der Schulanfänger im Jahre 1947 wird die hiesige Schule von 96 Schülern besucht. Seit dem 1.12.1946 ist Frl. Christa Ramm als Schulhelferin an der hiesigen Schule beschäftigt: sie unterrichtet das 2., 3. und 5. Schuljahr. Da der Unterricht von 8 bis16 Uhr abgehalten werden muss, reichte das Heizmaterial für den Winter nicht aus, infolgedessen fiel der Unterricht – des starken Frostes wegen – von Weihnachten bis zum 24. März aus.

Unter dem Motto: „Erziehen vor Gott" hatte die kirchl. Schule Schleswig für d. 27. u. 28. Mai zu einer Arbeitstagung zwischen den Lehrern der Volksschulen, Höheren Schulen, Fachschulen und Theologen eingeladen. Die Morgen- und Abendandachten fanden im Hohen Chor des Domes statt. Die Fülle des in den Vorträgen Gebotenem sollte einmal der Besinnung u. Vertiefung des christl. Gedankengutes dienen, zum andern die Möglichkeiten seines pädagogischen Einsatzes untersuchen. Die rege Beteiligung an den Aussprachen, meist in Form von Rundgesprächen durchgeführt, zeigte das große Interesse u. die Aufgeschlossenheit der christl. Botschaft gegenüber.
Über folgende Themen wurde referiert: „Christentum und Humanismus", „Das Christusbild im Unterricht", „Die Situation des Schülers vor der Botschaft", „Die Art des Alten Testaments, den Menschen anzupacken und zu erziehen". „Der Sinn des Geschichtsunterrichts".

Die Kindergilde unserer Schule wurde nach elfjähriger Unterbrechung wieder festlich begangen. Das Fest begann morgens mit einem Umzug der Schulkinder durch das Dorf. An der Spitze der Zuges ritt der „Kapitän" Arnold Wulfgramm, es folgte die Musikkapelle, das Königspaar und 105 Schüler und Schülerinnen, die mit ihren Blumenstöcken u. Blumenbügeln einen prächtigen Anblick boten. Nach kurzer Ansprache des Kapitäns wurden am Vormittag auf den dazu bestimmten Plätzen die Wettkämpfe um die Königswürde ausgetragen, die eine große Zuschauermenge angelockt hatte. König wurde Arnold Wolfgramm und Königin Erika Nekel. Prinz wurde Joseph Klein und Prinzessin Wanda Gerhard. Der zweite Teil des Festes begann nachmittags mit einem Umzug, der von dem neuen Königspaar angeführt wurde über Niederselk zum Festplatz nach dem Voßschen Walde. Vom herrlichen Wetter begünstigt wurden zunächst sämtl. Kinder im Walde mit Kaffee und Kuchen reichliehst bewirtet. Auf der Tanzdiele kam nun der Tanz der Kleinen zu seinem Rechte, während auf der Naturbühne nette Märchenspiele aufgeführt wurden. Reichen Beifall ernteten „Dornröschen" und die „Sterntaler", sowie das mit Liedern - zweistimmig - eingerahmte Stück „Herr und Frau Fink suchen eine Wohnung". Kurz vor Beendigung der Veranstaltung richtete der Lehrer Arthur Dubois, indem er kurz auf den Sinn der Gildefeier einging, Worte des Dankes an alle, die durch tätige Mitarbeit oder durch ihre Spende diese Kindergildeveranstaltung verschönern halfen. Gemeinsamer Gesang des Liedes „Kein schöner Land" beendete das herrliche Fest.

Am 1. August unternahm die hiesige Schule mit den Eltern der Schüler eine Dampferfahrt von Schleswig nach Kappeln. Mit einem Lastauto ging die Fahrt nach Schleswig und dann wurde die Schleifahrt angetreten. So etwas hatten die meisten Schüler noch nicht erlebt! Wie leuchteten die Augen und gar nicht still wurde das Mündchen. Auf dieser Fahrt zeigt sich Schleswig-Holsteins Landschaftsbild im schönsten Gesichte; reiche unberührte Natur und reiche Geschichte weben ihren Zauber um die stillen Ufer der Schlei. Alles atmet bedachtsame Ruhe, Ernst und Gemüt. Nach einem guten Frühstück im Strandhotel wurde auf Wunsch der Kinder ordentlich getanzt. Nachmittags um 14 Uhr wurde die Heimreise angetreten. Allenthalben hörte man: „Ach, war das eine herrliche Fahrt! Im nächsten Jahr wollen wir wieder so eine Fahrt machen!" Am 20. Juni d. Js. Besuchte der stellv. Schulrat - Herr Rektor Krämer, Schleswig, die hiesige Schule, er sprach sich sehr anerkennend über die Leistungen in der Oberstufe aus.

Lehrer Peter Matthiesen berichtet von einem Lagerbesuch in Klosterkrug im Oktober 1947. Er hatte die Kinder eingehend beobachtet und bemerkt, dass dort ziemlich elende Zustände herrschen müssen. Er stellte fest, dass dort einige Familien in Verhältnissen leben, die kaum menschenwürdig zu nennen sind. Eine Wohnung hatte keine Tür und die Zugänge von draußen waren mit Decken verhängt. Nach Meinung der Wohnungsinhaber würde das wohl auch im Winter so bleiben. Das Lager wurde im Oktober 1948 geräumt, die Insassen wurden nach Schleswig/Hesterberg umquartiert. Das Lager wurde instand gesetzt, da vermutlich Jugoslawen einziehen sollten. Herr Matthiesen war sehr davon betroffen, dass für die deutschen Volksgenossen keine Mittel zur Verfügung standen, jedoch für Ausländer der Umbau erfolgen konnte. Zur Weihnachtsfeier 1947 wurden in der Selker Schule 116 Kinder unterrichtet. Seit April 1948 unterrichteten 2 Lehrer, wegen der Raumnot am Vormittag die eine Gruppe und am Nachmittag die andere.

Ende

Ringreiten

In vielen Orten in den ländlichen Regionen Norddeutschlands finden auch heute noch jährlich Turniere mit Festumzügen statt, Gewinner bzw. *Ringkönig* wird, wer die meisten Ringe sticht. Um diese zu erlangen, müssen die Reiter im Galopp unter einem über die Bahn gespannten Seil reiten, an dem der Ring befestigt ist. Während in den meisten Regionen eine 50 bis 120 cm lange Lanze benutzt wird, um ihn aufzuspießen, gibt es auch Gegenden, in denen ein sogenannter *Ringstecher* verwendet wird.

In unserer Gemeinde fand das Ringreiten in früheren Jahren abwechselnd in Nieder- und Oberselk statt, nach dem 2. Weltkrieg bis 1958 wohl nur noch in Niederselk. Danach verfügten die meisten Bewohner nicht mehr über Pferde und der Brauch erlosch.

In Niederselk trafen sich die männlichen Teilnehmer, die nicht nur aus Selk stammten, und viele Zuschauer vor dem Gasthof Coordts (dem späteren Restaurant „Am Selker Noor").

Vor dem Gasthof Coordts: links der Fahnenträger, rechts der Kapitän

Danach begaben sich alle in einem festlichen Umzug zur Kreisstraße, wo damals die Alte Landstraße endete. (Zu der Zeit waren diese Straßen noch Sandwege.)

*Angeführt wurde der festliche Umzug von den Musikanten Arnold Frahm
(Trompete), Willi Börnsen aus Esprehm (Posaune) und Hermann Nielsen
(große Trommel). In der ersten Reihe der Damen erkennt man Käthe Frahm
geb. Voss und Gerda Clemens geb. Matthies.*

Der Ring hing an einem Seil, das zweimal über die alte Landstraße gespannt war.
Die Kontrahenten versuchten zu Pferde im Galopp mit einem Stecher* den Ring
aufzuspießen und ritten dann durch den Wald wieder zurück zum Start.

In vollem Galopp: Willy Strahl und Claudius Kruse

Anschließend bekam jeder Reiter ein Glas Wasser, das bis zum Eichstrich gefüllt
war, in die Hand und musste im Galopp die Strecke abreiten. Wer am wenigsten
Wasser verloren hatte, erhielt auch noch einen kleinen Preis.

Der Sieger beim Ringreiten aber, der die meisten Ringe aufspießen konnte, erhielt einen Pokal.

Wer erhält diesmal den Pokal? Die Ringreiter warten auf ihren Start. In der Mitte: Willy Strahl.

Das anschließende Fest – nachmittags mit Kaffee und Kuchen, abends mit Tanz – fand wieder im Gasthof Coordts statt. Davor versuchten die weiblichen Bewohner von einem „Karussell" (den Resten eines Göpels**) aus ebenfalls mit einem Stecher den Ring, der an einer Art Galgen hing, aufzuspießen. Ein kräftiger Mann (z. B. Hermann Nielsen) musste schieben, auf beiden Seiten saß eine Dame. Wurde der Ring getroffen, wurde das Karussell angehalten und der Ring wieder am Galgen befestigt. Die Musikanten spielten abwechseln im Garten des Gasthofs und in der Alten Landstraße.

In Oberselk war das Seil, an dem der Ring hing, über den Matzenberg etwa auf Höhe des heutigen Gebäudes Nr. 6 gespannt. Der Start war an der Ecke Brekendorfer Landstraße/Matzenberg. Die Reiter ritten nach dem Versuch, den Ring aufzuspießen, über den Matzenhof (heute abgerissen) wieder zurück zum Start. Übrigens musste der Ring nach jedem erfolgreichen Versuch – genau wie in Niederselk – wieder per Hand befestigt werden. Gefeiert wurde anschließend im Gasthof „Quellental".

Dieser Artikel basiert auf den Erzählungen von Günter Baumann, Reinhard Gericke, Günther Krecklow und Margret Loth, denen ich an dieser Stelle noch einmal für ihre Bereitschaft mitzuwirken danke. Das letzte Bild stammt aus unserem Archiv, vier Bilder hat uns freundlicherweise Elfriede Strahl und eines Reinhard Gericke zur Verfügung gestellt. Auch dafür sage ich hier Dank.

Zwei Fachbegriffe sollen hier noch erläutert werden.
* **Ringstecher**: In Selk wurde eine spezielle Anfertigung verwendet. Er war nur ca. 30 cm lang und hatte einen Griff wie etwa bei einer Pistole.

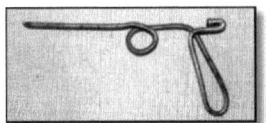

Ein Selker Ringstecher

** **Göpel**: Der Göpel ist die einfachste Maschine, mit der die Muskelkraft eines Tieres auf eine Achse übertragen werden kann. Durch die Muskelkraft des im Kreis laufenden Tieres wird eine Zugbewegung auf einen langen Hebel, an dem die Tiere angeschirrt sind, übertragen. Der lange Hebel ist an einem Ende an einer senkrecht stehenden und an den Enden gelagerten Welle befestigt. So wird die Zugkraft in eine Drehbewegung umgewandelt, die dann über Zahnräder als Antrieb für landwirtschaftliche Geräte dienen kann.

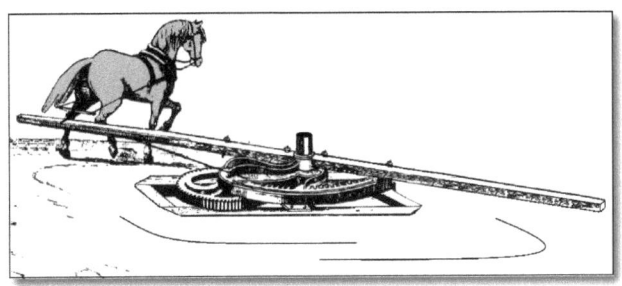

Modell eines Pferdegöpels. Die Drehung wurde häufig unterirdisch übertragen.

Jürgen Warnecke

Die Badestelle

Die ältesten Selkerinnen und Selker können sich noch gut daran erinnern, dass sie schon in ihrer Jugend im Noor gebadet haben – in Oberselk an der Badestelle unweit des Restaurants „Quellental", in Niederselk an der Wiese am heutigen Noorwanderweg. Beide Stellen verfügten über einen Steg, von dem aus man nicht nur ins Wasser steigen konnte, sondern an dem man auch noch bis in die 1960er-Jahre von Schleswig aus mit dem Boot anlegen konnte, um in den Gasthöfen „Quellental" oder „Am Selker Noor" einzukehren.

Wenn im Folgenden von *der* Badestelle die Rede sein wird, ist die in Niederselk gemeint, weil in Oberselk dort die Rohre enden, die das Regenwasser von der Autobahn seit Ende der 60er-Jahre in das Selker Noor entlassen.

Im Jahre 1985 wurde, wie es in den „Schleswiger Nachrichten" vom 3. Mai heißt, vom Amtsausschuss Haddeby mit einer Gegenstimme die Übernahme der bisher im Eigentum des Kreises stehenden Badestelle und des Grillplatzes am Selker Noor beschlossen. Beide Einrichtungen würden von den Einwohnern des Amtes, von Urlaubern und Naherholungssuchenden stark in Anspruch genommen.

Die Badestelle in den 1980er-Jahren

Im August des folgenden Jahres teilte der damalige Bürgermeister Helmut Kröger mit, dass man dort „ohne Bedenken ins kühle Nass hüpfen könne", denn der Badestrand wäre ohne Beanstandungen abgenommen worden. Er berichtete auch von der investierten Arbeit. So hätte u. a. die Feuerwehr die Reste der alten Brücke herausgespült. Leider fehlte immer noch ein Toilettenhäuschen.

Negative Schlagzeilen machte die Badestelle im Sommer 1990: Weil pro Liter zu viele Kolibakterien gefunden wurden, musste ein Badeverbot ausgesprochen werden. Eine der Ursachen war wohl eine defekte Kläranlage am Zeltlager „Vorwärts", konnte aber nicht den Grad und die Verbreitung der Wasserverschmutzung erklären.

Der Grillplatz wurde oft und gern genutzt. Bei Anmeldung beim Ordnungsamt Busdorf musste man eine Kaution von 50 DM hinterlegen, die dann jeweils nach Verlassen des Platzes in ordentlichem und sauberem Zustand wieder zurückerstattet wurde.

Als aber an einem Wochenende im September 1991 eine Gruppe randalierender Vespa-Fahrer den Grillplatz verwüsteten, wurden polizeiliche Ermittlungen eingeleitet, um die Verursacher dingfest zu machen.

Die Benutzungsordnung

Leider kam es in den Folgejahren immer wieder durch Gruppen, die sich dort nicht angemessen verhielten, zu Belästigungen der Anwohner. Der Amtsausschuss beschloss daraufhin, am Bade- und Grillplatz eine Benutzungsordnung aufzustellen.

Bedauerlicherweise blieb auch diese Maßnahme ohne Erfolg, sodass 1997 der Grillplatz geschlossen und die Grillanlage abgebaut werden musste.

Die Bedeutung der Badestelle gibt der Artikel „Hochbetrieb am Selker Noor" in den Schleswiger Nachrichten vom 28. Juli 2009 Aufschluss, der hier wiedergegeben werden soll:

„Angesichts der sommerlichen Temperaturen herrscht am Selker Badestrand Hochbetrieb. Kein Wunder: So idyllisch wie die Badestelle am Waldesrand gelegen ist, mit großer Wiese zum Liegen und Toben, fordert sie geradezu zum Verweilen auf.

Schon frühmorgens sieht man viele Schwimmer, die ihre Pensen absolvieren, darunter auch viele ältere Mitbürger. Besonders Abgehärtete betreiben ihr Fitness-Training beinahe ganzjährig an dieser Badestelle.

Unter den Besuchern des Strandes sind auch viele Familien mit kleinen Kindern. Die Kleinen können dort wunderbar im Sand buddeln und im flach abfallenden Wasser herrlich planschen. Gut beobachtet von den Eltern, genießen die Jüngsten ihr Badevergnügen. Ein Familienvater bemerkte: „Warum soll ich mit meiner Familie weiter wegfahren, wo wir hier doch alles haben!"

Auch für viele Jugendliche ist das Selker Noor ein beliebter Treffpunkt. Kostet es doch keinen Eintritt und ist gut mit Fahrrad oder Motorroller zu erreichen.

Das Einzige, was fehle, so ein häufig geäußerter Wunsch der Badegäste, sei ein kleiner Kiosk, an dem man seine Gelüste nach einem kühlenden Eis oder einer Portion Pommes stillen könne. Doch wer nach Selk kommt, weiß, ein Picknickkorb ist unerlässlich.

Einzig die Unvernunft mancher Besucher sorgt gelegentlich für Missstimmung: Manche Zeitgenossen lassen die Reste ihres Picknicks einfach liegen, anstatt sie in die vorhandenen Mülleimer zu entsorgen. Nur so können auch die nächsten Besucher sagen: Hier ist es wirklich schön!"

In einem Zeitungsartikel vom 5. August desselben Jahres heißt es unter der Überschrift „Familienfreundlich und ruhig zugleich" unter anderem:

„In der Nähe des südlichen Ufers der Schlei, an dem in eine wunderschöne Natur eingebetteten Selker Noor, liegt eine kleine Badestelle. Umzingelt von hohen Bäumen findet man dort eine große Wiese, die sich bis an einen Sandstrand erstreckt. Dieser Strand ist zwar schmal, für ein Binnengewässer jedoch erstaunlich groß. Das Noor ist hier nicht tief – und man muss schon ziemlich lange waten, bis einem das Wasser bis zum Halse steht. […] Keine Steine oder andere Dinge pieksen an den Füßen, wenn man barfuß durchs Wasser geht. Es gibt zudem einen Steg, der ins Wasser führt und von dem ge-

Das Toilettenhäuschen heute

sprungen werden kann. Alles ist gut ausgeschildert mit Informationstafeln. Rettungsleiter und Ring sind leicht zu finden.

Es gibt viele Sitzgelegenheiten, Mülltonnen und Parkplätze. Toiletten sind auch vorhanden; auf Duschen müssen die Badegäste allerdings verzichten. [...] Die Badestelle wird regelmäßig gepflegt und ist sehr sauber. Wanderwege führen direkt dorthin – und weit und breit ist kein lauter Verkehr zu hören. Insgesamt ist das Selker Noor eine ruhige, gemütliche und familienfreundliche Badestelle. "

Trotz der Warnung vor Zerkarien wurde im Juli 2010 in einer Tiefe von zwei Metern eine neue Badeplattform verankert. Sie war sehr stabil und verfügte sogar über eine Leiter.

In den folgenden Jahren mussten immer wieder im Sommer die Wasserpflanzen, die sich im Bereich der Badestelle stark vermehrt hatten, vom Wasser aus gemäht werden. Das durfte geschehen, weil die Krautarten, die im Selker Noor vorkommen, sich innerhalb eines Jahres wieder entwickeln und die Bestände in der vorherigen Ausdehnung aufbauen.

Die Badeplattform

Gern werden sich Selker und Gäste an die stimmungsvollen Abende zum Abschluss der Frühjahrsfeuer an der Badestelle erinnern

Im Frühjahr 2018 musste die Steganlage aus Sicherheitsgründen für die Benutzung gesperrt werden, weil die tragenden Balken verrottet, das Geländer und

auch die hölzernen Bretter schadhaft waren. Im November 2019 musste dann die Badeinsel abgebaut werden, weil das Amt Haddeby nicht mehr die Verantwortung für die unbewachte Badestelle übernehmen wollte.

Ganz gesperrt wurde die Badestelle wegen der Corona-Pandemie im April 2020. Das dort geplante Frühjahrsfeuer wurde dann ohne Besucher abgebrannt und das verbliebene Häufchen Asche konnte nur vom Parkplatz aus betrachtet werden.

 Im September 2021 wurde der Pilgerhütte, die häufig Zielscheibe von Vandalismus und Schmierereien war, von der Landjugend in einer 72-Stunden-Aktion wieder zu neuem Glanz verholfen. Die Hütte verdankt ihren Namen dem vorbeiführenden Wanderweg, der ein Teil des Jakobswegs ist.

Am 17. November 2021 entschied der Amtsausschuss, die Badestelle nicht mehr als Amtsbadeplatz zu betreiben. Was sollte nun daraus werden?

Am 13. Juni 2022 beschloss die Vertretung der Gemeinde Selk, in deren Besitz die Badestelle inzwischen übergegangen war, sie weiter bestehen zu lassen und an der Stelle des inzwischen weitgehend abgerissenen Badestegs einen Aussichtssteg zur Betrachtung des Welterbes Haithabu und Kograben, ein Teil des Danewerks, am gegenüberliegenden Ufer herstellen zu lassen.

Als erstes mussten nun die Reste des Stegs beseitigt werden. Zwar hatte ja unsere Freiwillige Feuerwehr schon alles, was aus dem Wasser ragte, abgetragen, aber Teile der Pfähle, auf denen der Steg ruhte, saßen tief im schlammigen Grund und mussten vor der Bergung freigespült werden. Diese Aufgabe übernahm das Schleswiger THW am 30. August 2022.

An einem Dreibein wurde im Wasser eine Tauchpumpe installiert, sodass die hölzernen Pfahlreste unter hohem Wasserdruck aus dem schlickigen Grund befreit und per Seilwinde an Land gezogen werden konnten.

Bergung der Pfahlreste

Die meisten neuen stählernen Pfähle für die Aussichtsplattform wurden dann am 8. Oktober ebenfalls vom Schleswiger THW mithilfe eines Krans eingesetzt (siehe unter Selker Bilderbogen auf Seite 8). Die ufernahen Pfähle wurden am 24. März mit Unterstützung des Louisenlunder THWs eingesetzt und am 25. dann alle auf die gleiche Höhe gekürzt.

In diesem Jahr nun soll die Plattform fertiggestellt und damit nicht nur die Badestelle, sondern die ganze Gemeinde um eine Attraktion reicher werden.

Jürgen Warnecke

Die Kindergilde

In unserem Archiv verwahren wir ein plattdeutsches Gedicht von Wilhelm Neelsen aus Schleswig, das am 2. Februar 1954 im Oberselker Quellental bei der Erinnerungsfeier an die Erstürmung des Königshügels 90 Jahre zuvor aufgesagt wurde. Es führt uns zurück in eine Zeit, als es noch keine Schule in Selk gab, also vor das Jahr 1905, als die Selker Kinder die Schule in Busdorf besuchten. Schon damals wurden die Schulfeste auch „Kindergilde" genannt, weil manche Regeln an die der Schützengilde der Erwachsenen erinnerten. Auch wenn die Veranstaltung zwischenzeitlich andere Namen trug – z. B. „Kindervergnügen" – so wurde die Tradition fortgeführt bis zum 14. Juli 1978, als die Schule in Selk endgültig geschlossen wurde.

In der Hoffnung, dass alle unsere Leser Plattdeutsch verstehen, haben wir das Gedicht hier abgedruckt:

Anno dortomalen – In'n Nedderselker Krog

De Kinnergill

Hört, ick will ju wat vertelln,
Aber fangt ni an to schelln,
Denn wat ick ju hüt verklar,
Dat is lang her, aber wohr.
Dor geef't in Selk keen Teerschosseh,
Sogor nich mal'n Velociped,
Harrst Peerd un Waagn, denn wär dat goot,
De annern leepen all to Foot.
Jeder Selker Jung un Deern
– Wull'n se lesen und schrieben lehrn –
Muß to School nah Busdörp hen:
Jungedi, dat wär en Enn!
Und en groote Buddel Melk'
Bröch man mit to School ut Selk,
Und de sloog as Middagskost
Man mit Smoltbroot sick to Bost.
Sommerdaags – dat wär keen Schimp –
Spooren de Gören Schoh und Strümp,
Barfoot leepen alle Mann,
Harwsdaags kreegen se Klützen an.
Ja, dat wär en armer Tied,

Dor wär't ni so dür as hüt;
Een Pund Bodder – dat wär Satz –
Gull fief Groschen bi Klaas Matz.
Boddern döh dor jede Bur –
Ach! De Burfru harr dat sur–
Und watt wurr se splidderndult,'
Wenn't bischurns nich boddern wull.
Nahsten keem se dorvon trie,
Alles maak de Meierie:
Quark und Bodder, Schlagrohm, Kees;
Liekars wurr noch aarig queest.

„Allns ward anners", sä Frenz Mees,
„Man, ewig drög blifft Ledderkees."
As se seeten Mann för Mann
In de Kroog bi Utermann.
Bi en Köhm und'n Piep Tobak
Wuru bät ökelt, stöhnt und snack:t.
„Allns ward anners", meen Jürn Frahm,
„Wi ward oldmodsch alltosam."
Detlef Reimer grien und sä:
„Blots nich mit de Swien opstä;
Ward de Minsch ok noch so klook:
Schink und Mettwüst möt in'n Rook."
„Du hest Recht", meen Möller Blenner,
„Glöf man ni, datt ick mi änner.
Waatermöhl blifft Waatermöhl,
Brukt keen Wind, keen Gas, keen Köhl."
„Ja", lach Johns; „blots Peer beslahn,
Dat ward slecht mit Waater gahn.
Dorto bruukst dien eegen Füst,
Schaß keen Sorg hemm, datt du früst."
„Hört mal", seggt dor Vadder Brüchmann,
„Watt geeft ji för dummes Tüch an.
Nu swiegt mal en Ognblick still:
Wer geiht mit to Kinnergill?"
„Selbstverständli alle Mann!"
Röppt Klas Matz, „wi Burn spannt an.
Föhrt nah Busdörp hen in'n Draff,
Haalt de Groot- und Lüttschool af.

Gut 40 Jahre später: Selker Kindergilde mit dem Lehrer P. Matthiesen 1947

Detel Reimers Jung is König,
Und to Foots geiht dat to dröhnig.
Majestät gäft wi de Ehr,
Haalt em in mit Waag und Peer,"
„Drinkt mal ut", seggt Utermann,
„Grön spendeer ick ut mien Dann'n.
Eekenloow und Dannengrön
Möten Waag'n und Peer verschön'n."
Detel kratzt den stuwen Bort:
„Punsch und Kooken ward ni spoort.
Und ji all nah oole Bruuk,
Kriegt en Lütten ut de Kruuk."
„De Musik", meent dor Frenz Mees,
„Hört doch eegentli in en Chäiß,
Bi so'n Buwaagn sien Geradder
Gifft statts Tuten Tähngeklapper."
Hei, dor kreegen se all dat Lachen:
„Laat dee sick man afmarachen.
Frenz, dien Broder kann licht tuten
Und Hein Wand mit sien Kanuten."
„Vadder Matz, du föhrst voran,

Mußt dien Phaeton anspann;
Köster Neelsen und sien Froo
Möt as irste doch vörto."
„Ja, versteiht sick! So kann't gahn."
Alle Mann wär'n inverstann.

As nu veerteihn Daag verflaaten,
Hebbt se't maakt, wie't wär beslaatan.
Prächtig keern se antofohrn.
O watt högen sick de Görn!
Peer und Waagens, ach wo schön
Wär'n se smückt mit Bloom'n und Grön.
Vör dat Schoolhus stunn'n parat
Jungs und Deerns in'n besten Staat,
An de Spitz de Herr Kaptein;
Jungedi, watt wär he fein!

Zu Fuß mussten 1947 die Schüler dem Kapitän – dem damals 14jährigen
Günter Baumann – folgen

Geele Schärp und blanke: Degen,
Mütz mit Helmbusch op den Brägen,

Op de Schullern Epoletten,
Wüßt siek in Respekt to setten.
Achter em door seeg man stahn
Noch twee Leutnants bi de Fahn.
Wieder trüch noch veer Offzeer,
All in Schärp und blanke Wehr.
Und de Oogen von de Deerns
Strahl'n vör Freid wi luuter Steerns.
Rosenkränz harrn se in't Hoor,
Bloomenbögel Poor üm Poor.
Jede Jung harr an sien Fahn
Blau-witt-rot, en Strüschen dahn.
Und de Sünn, de lach vun'n Himmel
Fröhli daal op dat Gewimmel.

Selker Kindergilde auf dem Hof Börm 1956

Doo! En Tusch speel de Musik!
Still sweeg alles door sogliek.
De Kaptein trä dree Schritt vör,
Trook de Plemp und sprook de Wör:
„Unse Selker Burn süllt leben!

Wil se Fohrwark uns hebbt geben,
Unsen König aftohaalen,
Wüllt wi'n donnernd Vivat prahlen."
Und „Hurra" schreen's all wi dull,
Wat de Kehl hergeben wull.
Und denn kladdern mit Behagen
Jungs und Deerns rin in de Waagen.
„Denn man jüh!" reep door Klas Matz.
Huch! De Peer de maakt en Satz,
In'n Galopp vörut in'n Nu
Suust de Köster mit sien Fru.
De Musik gliek achteran
Blaast nu los, all watt se kann,
Fief Mann seeten s' in de Chäiß,
Und de Brummbaß speel Jürn Mees.
Achterheer denn Waag an Waagen
Vull vun Fahn'n und Bloomenbaagen,
Half versteeken in Eekengrön,
Wunnernüdli antosehn.
Und vörbi an Wedelsprang
Geiht de Fohrt mit Sang und Klang.

Umzug der Kindergilde im Jahre 1965

Endli föhrt in Selk se vör
Unner de Ehrenport hendör.
Vör de Dör in Schärp und Kron
Süht den König man all stahn,
Und miteens sünd all de Kinner
Wie de Blitz von'n Waagen rünner.
De Kaptein röppt: „Angetreten!"
As sick't hört bi't Vaagelscheeten.
Steiht nu stramm und hölt en Reed:
„Vivat seine Majestät."
Alle Offizeers treckt blank,
De Musik blaast Tusch dorrnang,
„Hoch, Hurra!" roopt s' alltosamen;
Majestät wär ganz benaamen.
Doch nu köm dat Allerbest:
Punsch und Kooken für de Gäst.
Jungs und Deerns langn düchti to,
Denn de Maag de hüng man so.
Ok de Lehrers und de Burn
Leet Detel Reimer ni lang lurn,
Und dat geef nah oole Bruuk
Fröhstück und een ut de Kruuk.
As se werrer ut Rookhus kamen,
Sünd ehr Oogen vull von Traanen,
Keeneen wurr denn richti klook:
Keem't von Köhm oder keem't von Rook?
Nu güng't mit Halli Hallo
Werrer trüch nah Busdörp to,
Und op „Swartkell", schast man weeten,
Fung irst an dat Vaagelscheeten.
All dütt wär en Vörsmack bloß,
Irste Sluck ut'n Freudenkroos,
Denn dat Fest dat bleef so bi
Bät Klock nägen op Haddeby.
Door köm't to sien höchsten Glanz
Bi den grooten Königsdanz,
Bi den letzten Marsch dör'n Saal;
Dat vertell'k en annermaal,
„Nä", sän all de lütten Gäst,
„So schön ist't noch nümmer west,

Und dütt Selker Vaagelscheeten
Kann'n sien Leewdag ni vergeeten."

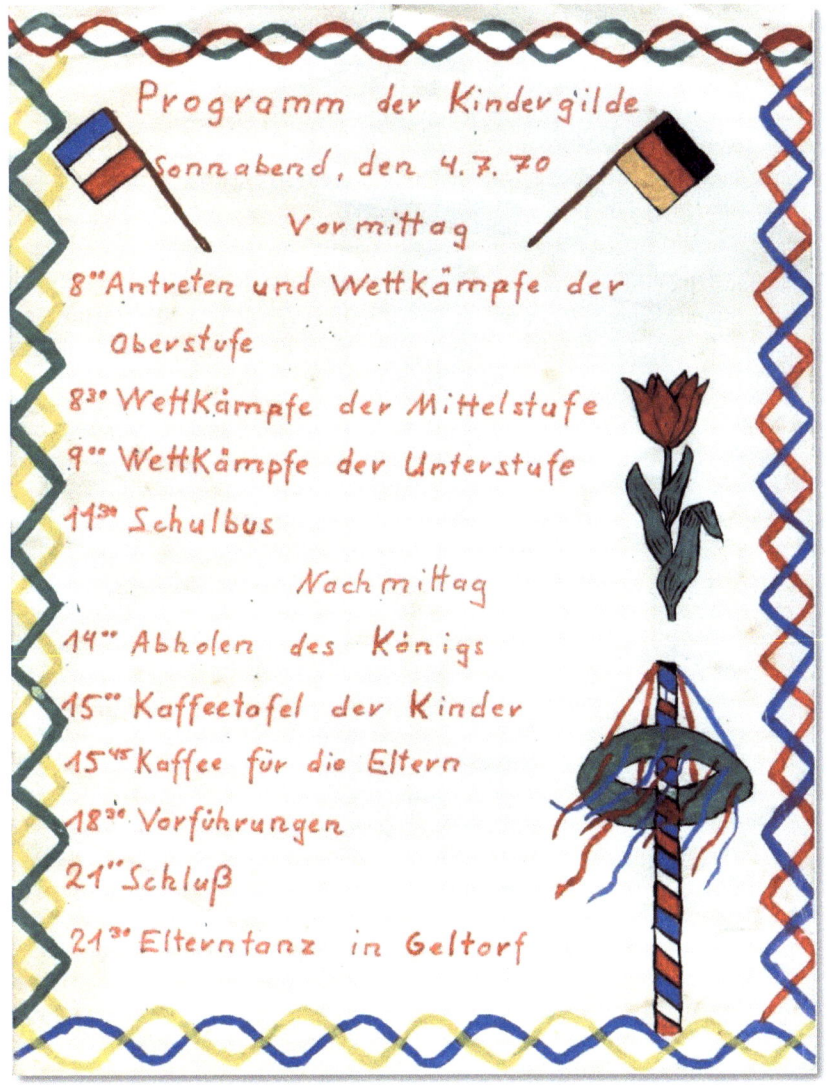

Die Einladung aus dem Jahre 1970

Jürgen Warnecke

Funde im Garten

Seit über 60 Jahren wohnt Irmgard Knauer in Selk und hat in der Zeit fleißig in ihrem Garten gearbeitet. Dabei hat sie viele merkwürdig aussehende Steine gefunden und aufbewahrt. Von dieser Sammlung wollte sie sich nun im vergangenen Jahr trennen und fragte mich, ob der Haddebyer Museumshof oder die Dorfchronik daran interessiert wären. Schnell erhielt ich die Auskunft, dass sie nicht zu den Exponaten des Museums passen würde. (Inzwischen könnte ich mir vorstellen, dass spezielle Steine, von denen in diesem Artikel die Rede sein wird, doch dorthin hingehören.)

Für einen Artikel in der Dorfchronik hätten wir jemanden gebraucht, der sich in dem Thema auskennt. Leider haben wir in unserer Gemeinde noch niemanden gefunden. Einem Bekannten im Kreisgebiet zeigte ich Fotos der Steine. Sofort klassifizierte er einige Exemplare als **Hühnergötter.**

Ein Hühnergott aus Irmgard Knauers Garten

Diesen Begriff hatte ich noch nie gehört. Deshalb nahm ich mir als erstes den Band Nr. 10 vom Brockhaus Universallexikon aus dem Jahr 2003 vor. Darin war aber zwischen „Hühnerdarm" und „Hühnervögel" nichts eingetragen. Immerhin fand ich in der 24. Auflage des Dudens das Stichwort mit einer kurzen Erläuterung: „**Hühnergott** (*regional für* Lochstein [als Amulett])". Viel schlauer war ich da noch nicht.

Dann entdeckte ich aber unter „http://de.wikipedia.org/wiki/Hühnergott" einen mehrere Seiten umfassenden Text mit Abbildungen, aus dem ich hier das Wichtigste zusammenfasse:

In Deutschland wird volkstümlich ein Stein mit einem natürlich entstandenen Loch **Hühnergott** genannt. In anderen Ländern gibt es auch Bezeichnungen, die diesen Steinen eine besondere Bedeutung zuschreiben. In Großbritannien zum Beispiel werden sie „hag stones" (deutsch „Hexensteine") und „Snake's eggs" (deutsch „Schlangeneier") genannt.

Oft handelt es sich dabei um **Feuersteinknollen** mit verwitterten Kreide-Einlagerungen. Das Loch eines Hühnergotts kann einen Durchmesser von wenigen Millimetern bis zu einigen Zentimetern haben. In Deutschland findet man diese Steine an der Ost- sowie Nordseeküste und in eiszeitlichen Geröllen des Binnenlandes (wie in Selk). Für Urlauber sind sie als Glücksbringer ein beliebtes Souvenir. In früheren Zeiten benutzte man sie, um das Hausgeflügel vor bösen Geistern zu schützen – daher der Name.

Ein weiterer Fund

Weil der Begriff *Hühnergott* in deutschsprachigen Nachschlagewerken der letzten drei Jahrhunderte fehlt, gilt er als Neologismus (Neuwort). Zum ersten Mal in der deutschen Literatur aufgetaucht ist er wohl Ende des 19. Jahrhunderts.

Jürgen Warnecke

Handwerksbetriebe in Selk

Holzbau Karde KG

Als Jonni Karde 1982 seine Ausbildung zum Techniker Holz und 1983 seine Tätigkeit als Zimmerer mit der Meisterprüfung abschloss, träumte er noch nicht von einem selbständigen Betrieb. Über 20 Jahre arbeitete er in einem Bauge-schäft als Zimmerermeister und sammelte berufliche Erfahrungen im Holzbau.

Erst 1997 im Nebengewerbe und 2005 im Hauptberuf machte er sich als Zimme-rermeister in Selk mit einer Gesellschaft bürgerlichen Rechts (GbR) selbständig und ist seit dem 03.03.2021 im Register unter der Nr. HRA 10318 im Amtsge-richt Flensburg als Holzbau Karde KG verzeichnet.

In seiner Freizeit sind Angeln und die Jagd mit 2 großen Hunden seine Leiden-schaft; auch als Jagdpächter und Jagdhundezüchter.

Sein Sohn Dietmar Karde arbeitet seit 2005 im väterlichen Betrieb und ist ab 2011 Mitinhaber der Fa. Holzbau Karde KG. Mit z. Z. 1 Meister (selbst ausge-bildet), 4 Gesellen und 1-2 Auszubildenden sind sie im Betrieb Altmühl 9 und auf den Baustellen ein gutes Team.

Die Firma Holzbau Karde KG ist in der Handwerksrolle eingetragen und Mit-glied der Innung.

Beide, Jonni und Dietmar Karde, schöpfen aus viel Erfahrung im Bauwesen und sind immer offen für neue, innovative Techniken. Ihre Philosophie ist ganzheit-lich:

„Gesundes und ökologisch verträgliches Bauen vereint mit höchster handwerklicher Qualität."

Besonders wichtig ist ihnen der nachhaltige Einsatz von nachwachsenden Roh-stoffen bei Dämmung und Baumaterial. So schaffen sie angenehmes und **gesun-des Raumklima** durch zeitgemäße Materialien wie Holz und Lehm oder inno-vative Elemente wie wand- und deckenintegrierte Heizung, Solartechnik und So-larthermie.

Bei Bauvorhaben stehen beide Firmeninhaber gerne beratend zur Seite und sind dabei als alteingesessener Betrieb optional mit anderen Dienstleistern vernetzt.

Auch im Internet werben sie mit:
„Unsere Leistungen im **Neu- und Altbau** schließen sämtliche anfallenden Arbeiten ein, wie z. B.

- Erstellen von **Häusern** in Holzrahmenbauweise und kompletten **Dachstühlen und Eindeckungen**,
- **Solartechnik und Solarthermie**,
- **Lehmputz** (Innenraum)
- **Wand- und Deckenheizung**,
- **Türen und Fenster**, Einbau und Austausch,
- **Energetische Sanierung** von Dächern,
- **Schornsteine**,
- **Terrasse**,
- **Fassadensanierung**,
- Lizensierte **Asbest- Sanierung**

und versichern: „**Wir bauen, damit Sie sich ganz sicher wohl fühlen!**"

Der Steg im Wanderweg auf der Ostseite des Selker Noors und der Carport im Quellenberg gehören zu den Bauten der Firma Holzbau Karde KG.

Kontaktdaten: **Holzbau Karde KG**
24884 Selk, Altmühl 9
Tel. 04621 35316,
Fax 04621 360020
Mobil 0170 1800413
E-Mail: holzbau-karde@t-online.de
Aufgeschrieben von Konrad Klein, Plettenberg 14.

Aktive oder ehemalige Handwerksbetriebe in der Gemeinde Selk, die ihre Firmengeschichte in der Dorfchronik festhalten wollen, melden sich bitte bei mir unter Tel. Nr. 04621 33584.

Der Umweltverein

Am 17. Dezember 2012 hat sich in Selk ein Umweltverein gegründet. Der Umweltverein Selk und Umgebung e. V. ist ein unabhängiger, gemeinnütziger Verein und verfolgt keine politischen Ziele.

Neun Gründungsmitglieder und ein Versammlungsleiter kamen zum Ergebnis, dass die Belange des Umwelt- und Naturschutzes auf politischer Ebene durch andere Institutionen gut vertreten werden. Allerdings wurde bei der praktischen Umsetzung von Artenschutzverbesserungen in Selk und Umgebung ein Ausbaupotential erkannt. Der Umweltverein Selk u. U. e. V. ist deshalb angetreten, praktische Arbeiten auf dem Gebiet des Artenschutzes im Rahmen der durchaus eingeschränkten Möglichkeiten durchzuführen.

Im März 2021 (deshalb die Masken) wurde ein Nistkasten für Eulen aufgehängt.

Der erste Arbeitsschwerpunkt in den Jahren 2013, 2014 und 2015 war der Fledermausschutz. Fledermäuse sind faszinierende Tiere, die oft missverstanden werden. Viele Menschen betrachten Fledermäuse als gruselige, unheimliche Tiere, aber in Wirklichkeit spielen sie eine wichtige Rolle in unserem Ökosystem. Fledermäuse sind nützliche Bestäuber und helfen bei der Kontrolle von Insektenpopulationen. Leider sind viele Fledermausarten vom Aussterben bedroht und benötigen dringend Schutz.

Ein wichtiger Schwerpunkt des Vereins ist die Schaffung von Fledermaus-Habitaten und die Wiederherstellung von Lebensräumen, die für Fledermäuse geeignet sind. Der Verein versucht Fledermaus Lebensräume mithilfe von Nistkästen im Gemeindegebiet zu erhalten und zu verbessern. In der Praxis bedeutet dies Kastenaufstellung und Reinigung, aber auch Kontrolle der Kastenannahme durch die Fledermäuse, um langfristige Daten über die Fledermauspopulationen zu erhalten.

Diese Kontrolltermine erfolgen teilweise durch die Mitglieder privat organisiert oder durch öffentliche Begehung, um das Bewusstsein für Fledermäuse zu erhöhen und die Bevölkerung über ihre wichtige Rolle in unserem Ökosystem aufzuklären.

Zwei Abendsegler werden bei der Kastenkontrolle 2014 entdeckt.

Zum Beispiel werden auch an Publikumsterminen mit extra angeschafften Detektoren die Laute der Fledermäuse im Ultraschallbereich für Menschen hörbar gemacht und über das Leben der Fledermäuse bei Nachtwanderungen informiert.

Neben dem Schutz von Fledermäusen engagiert sich der Umweltverein Selk auch seit 2015 für den Schutz von Eisvögeln. Der Eisvogel ist ein Vogel, der in vielen

Ländern Europas zu Hause ist. Leider ist der Bestand des Eisvogels in den letzten Jahrzehnten aufgrund von Lebensraumverlust und Verunreinigung von Gewässern stark zurückgegangen.

Um den Schutz von Eisvögeln zu fördern, wurde auf einer Fläche der Stiftung Naturschutz Schleswig-Holstein in Nähe eines Fließgewässers eine sogenannte Bruthilfe gebaut. Das Herzstück dieser Nisthilfe sind die im Inneren liegenden künstlichen Brutröhren. Außen sichtbar befindet sich eine Anflugplatte mit zwei Einfluglöchern, die einem Steilhang nachempfunden wurde. Mit vorgefundenen Materialien wird die Anflugplatte für den scheuen Vogel der Umgebung landschaftlich angepasst.

Das Eisvogel-
schutzprojekt
2015 in Arbeit

Bei dem aktuellsten Projekt entsteht in Zusammenarbeit mit der Gemeinde Selk eine Nisthilfe für Störche. Es wird ein 10 m hoher Holzpfahl mit einer am Ende aufgestellten Nistplatte in den Selker Noor-Wiesen errichtet, um wieder ein Zuhause für Storchenpaare zu schaffen.

Der Verein hat zurzeit 31 Mitglieder und bietet eine Vielzahl von Möglichkeiten für Freiwillige sich zu engagieren. Neue Mitglieder zur Unterstützung sind jederzeit willkommen.

Christoph Brügmann

Gedenken an Uta Worms

Am 12. Juli 2022 starb die langjährige Leiterin des Selker Arbeitskreises „Dorfchronik" nach schwerer Krankheit im Alter von 82 Jahren.

„Vermerke" nannte sie ihre Sitzungsprotokolle der Arbeitsgruppe und diese Bezeichnung hat sich bis heute erhalten. Im Vermerk zur 1. Sitzung am 9. Januar 2007 werden als Ziel der Aktivitäten „kleine Hefte mit unterschiedlichen Themen" genannt. Dafür wurde unter ihrer Anleitung viel Material gesammelt, wie z. B. alte Fotos, Protokollbücher und Kartenmaterial.

Ergebnisse dieser Sammlung präsentierte sie am 16. März 2012 als „Bürgerin von Selk" in einem Vortrag für den Heimatverein „Schleswigsche Geest" im Restaurant „Quellental". In der Festschrift „600 Jahre Selk" aus demselben Jahr werden Ergebnisse der Arbeitsgruppe unter dem Titel „Kurzchronik der Gemeinde Selk" veröffentlicht. Außerdem verfasste sie ein Grußwort zur 75-Jahr-Feier der Gemeinde Selk am 6. April 2013. (Mit Wirkung vom 1. April 1938 wurden Nieder- und Oberselk zu Selk zusammengeschlossen.)

Am 10. Juli 2015 gab Uta Worms die Leitung des Arbeitskreises an Jürgen Warnecke ab, nahm aber weiterhin bis zum 14. Oktober 2017 an den Sitzungen teil. Noch zu Lebzeiten konnte sie die ersten sechs Hefte der Selker Chronik, die im BoD-Verlag Norderstedt gedruckt wurden und im Buchhandel erhältlich sind, als Erfolg ihrer jahrelangen Arbeit betrachten.

Es darf auch nicht vergessen werden, dass Uta Worms sich neben ihrem Engagement im Arbeitskreis „Dorfchronik" noch in anderen Bereichen für die Einwohner Selks sowie der Nachbargemeinden eingesetzt hat. So war sie Vorsitzende des Kultur-, Sport- und Freizeitausschusses und Protokollführerin der Gemeindevertretung, Gründungsmitglied und erste Kassenwartin des Ortskulturrings Geltorf-Lottorf-Selk, später dessen 2. Vorsitzende und in den Jahren 1995 bis 2006 sogar 1. Vorsitzende.

Wir werden ihr ein ehrendes Andenken bewahren.

Der Arbeitskreis „Dorfchronik"

Arbeitskreis „Dorfchronik"